ララチッタ

Cebu 4-1 Philippines

JN110808

セブ島
フィリピン

ララチッタとはイタリア語の「街=La Citta」と
軽快に旅を楽しむイメージをかさねた言葉です。
リゾートホテル、マリンアクティビティ、
アジアン雑貨、ご当地グルメ……など
フィリピンの旅が楽しくなるテーマが詰まっています。

セブで叶えたい 🖤🖤
とっておきシーン5

Cebu Is. セブ島

Bohol Is. ボホール島

Boracay Is. ボラカイ島

マークの見かた

- ⊗ 交通
- ⊕ 住所
- ☎ 電話番号
- ⊕ 開館時間、営業時間
- ⊕ 休み
- ⊕ 料金
- ⊕ 予約が必要。または予約することが望ましい
- 旦 日本語スタッフがいる
- 旦 日本語メニューがある
- 英 英語スタッフがいる
- 英 英語メニューがある
- Ⅳ ドレスコードがある
- ⊠ クレジットカードでの支払い不可

その他の注意事項

●この本に掲載した記事やデータは、2023年4月の取材、調査に基づいたものです。発行後に料金、営業時間、定休日、メニュー等が変更になることや、臨時休業等で利用できない場合があります。また、各種データを含めた掲載内容の正確性には万全を期しておりますが、お出かけの際には電話等で確認・予約されることをおすすめいたします。なお、本書に掲載された内容による損害等は、弊社では補償いたしかねますので、予めご了承くださいますようお願いいたします。
●本書掲載の電話番号は特記以外、現地の番号です。すべて市外局番から記載しております。
●休みは基本的に定休日のみを表示し、年末年始や復活祭、クリスマス、国の記念日など祝祭日については省略しています。
●料金は基本的に大人料金を掲載しています。
●本書では2次元コードをQRコードと表記しています。QRコードは株式会社デンソーウェーブの登録商標です。

フィリピン早わかり

7641の島々からなるフィリピンは、島やエリアによって
旅のスタイルもさまざま。やりたいことが叶う場所を探そう。

基本情報

- **国名**：フィリピン共和国　**人口**：約1億903万人（2020年）
- **面積**：29万8170km²（日本の約8割）
- **時差**：マイナス1時間（日本の正午はフィリピンの11時）
- **通貨**：フィリピンペソ（P）。1P＝2.61円（2023年6月現在）

N

マニラからパラワン島のエルニド空港へ飛行機で約1時間30分。各島へは車とボートで移動

ルソン島

❶ マニラ

マニラからパナイ島のカティクラン空港またはカリボ空港へ飛行機で約1時間

ミンドロ島

❹ ボラカイ島

パナイ島

❷ 北パラワン

ネグロス島

パラワン島

新旧の文化が
交わる近代都市

❶ マニラ ➡P95
Manila

フィリピン最大の島、ルソン島にあるフィリピンの首都。ショッピングセンターや高級ホテルが点在し、レストランのレベルも高い。メトロ・マニラ中心部には植民地時代の建築物が残っている。

1：荘厳な雰囲気を漂わす石造りのマラテ教会。18世紀に創建➡P98
2：最近、流行中のルーフトップバー。ファイヤーフライ・ルーフ・デッキ➡P105

美しい海が広がる秘境エリア

❷ 北パラワン ➡P89
Northern Palawan

パラワン諸島の北部は、最後の秘境と呼ばれるほど手つかずの自然が残るエリア。1つの島に1つのホテルしかないアイランド・リゾートでのんびり過ごせる。

1：緑に囲まれたエルニド・リゾーツ・ラゲン・アイランドのプール➡P91
2：エルニドのラグーンツアーでは、穏やかな海でカヤックを楽しめる

美しい海が誘う
ビーチリゾート

③ セブ島 →P19
Cebu Island

日本から直行便でアクセスできる、フィリピン随一のリゾートエリア。リゾートホテルは国際空港があるマクタン島に集まっている。透明度抜群の海ではダイビングやアイランドピクニックなど、さまざまなアクティビティを楽しめる。

1：奇跡の聖像が納められたセブ・シティのサント・ニーニョ教会→P40 **2**：シャングリ・ラ マクタン セブ（→P22）の前に広がる美しい海と砂浜

マニラからマクタン国際空港へ飛行機で約1時間15分。セブ島とマクタン島は橋でつながる

サマール島

マクタン島

レイテ島

セブ島 ③

⑤ ボホール島

セブ港からボホール島へは船で約2時間。マニラからの直行便もある

パングラオ島

ミンダナオ島

白砂ビーチが延びる素朴な島

④ ボラカイ島 →P79
Boracay Island

西海岸に約4kmにわたって延びるホワイト・ビーチにリゾートホテルが並ぶ。2018年4月から半年間の閉鎖期間を経て環境が改善。持続可能な観光業を目指し、滞在可能人数などを制限して観光客を受け入れている。

1：西海岸に延びるホワイト・ビーチは世界トップクラスの美しさ **2**：シャングリ・ラ ボラカイの絶景レストラン、シレナ→P86

注目のネイチャーアイランド

⑤ ボホール島 →P69
Bohol Island

30mほどの丘が連なるチョコレートヒルズや世界最小の原始猿ターシャなど、豊かな自然に恵まれた島。橋で渡れるパングラオ島のアロナ・ビーチにはリゾートホテルが林立している。

1：1000個以上の丘が連なるチョコレートヒルズの幻想的な風景→P14 **2**：パングラオ島の南に延びるアロナ・ビーチは観光客で賑やか→P74

HELLO!

セブを楽しみつくす！

3泊4日王道モデルプラン

海はもちろん、グルメやショッピングも楽しめるセブの満喫プラン。
リゾートホテルで過ごす優雅な時間も確保しよう！

DAY1
初日はのんびり♪
**リゾート
ディナー**

18:55
マクタン・セブ
国際空港到着

↓ 車で約20分

ADVICE!
空港からの移動手段は
タクシーや運転手付き
レンタカーなど。予め確
認しておこう。→P118

マクタン島の南東
にはビーチリゾー
トが並ぶ

20:00
マクタン島のホテルへ

↓ 徒歩1分

20:30
ホテルのレストランで
ディナー

コウリー・コー
ブ・シーフー
ド・バー＆グ
リル→P50

リゾートホテルで
は、部屋でくつろ
ぐ時間も楽しみ

↓ 徒歩1分

22:30
ホテルの部屋で
リラックス

アレンジプラン
余力があるなら、セブ島や
マクタン島にあるレストランへ出
かけてみるのも楽しい。行き
はホテルに、帰りはレストラン
にタクシーを呼んでもらおう。

DAY2
自然に恵まれた
**ボホール島
1日ツアーへ！**

11:45
ボホール島に到着！

セブ島からは
高速船で
約2時間

↓ 車で1時間

12:45
リバークルーズ＆ランチタイム

↓ 車で30分

ロボク川を下りながらフィリピン料
理のビュッフェを！→P72

コオロギが
大好物なのだ♪

ADVICE!
ターシャは絶滅が危
惧される世界最小の
原始猿。ストレスに
弱いので、フラッシ
ュ撮影は禁止。

14:20
かわいいターシャに会いに行く♪

↓ 車で1時間15分

220段の階段を上って展望台から眺め
るチョコレートヒルズ→P14、73

15:15
壮大なチョコレートヒルズを
バックに記念撮影

↓ 車と船で3時間

アレンジプラン
セブ島南部のオスロブでは、
世界最大の魚類ジンベエザメ
と泳げる！マクタン島やセブ・
シティから車で片道3時間ほ
どかかるので、早朝発の1日ツ
アーに参加しよう。

20:30
セブ島の港に到着

↓ 車で40分

SNSウケも
ばっちり！

ヨットクラブを望むマリー
ナ・シービューで爽やかな
ディナー→P51

21:30
評判のレストランでシーフードを堪能

DAY3
美しい海を舞台に
アイランド ピクニック

小さな魚が寄ってくる！

9:30
マクタン島の桟橋を出発
↓ 船で30分

10:00
ヒルトゥガン島で
シュノーケリングを満喫
↓ 船で30分

海洋保護区のヒルトゥガン島周辺には魚がいっぱい→P34

12:00
船の上で
BBQランチ♪
↓ 船と車で1時間

フィリピン料理のBBQランチを堪能→P34

帽子は現地調達もアリよ

ローカルブランドが充実したアヤラ・センターでお買い物→P45

15:00
ホテルに戻って着替え
↓ 車で40分

17:00
ショッピングモールで
お買い物☆
↓ 徒歩すぐ

ADVICE!
フィリピンらしいおみやげなら、地元ブランドや南国の素材で作られた雑貨に注目。→P46

ゴールデン・カウリ・フィリピーノ・キッチンのハロハロはウベアイス入り！→P45

18:00
買い物のひと休みに
ハロハロ♪
↓ 車で10分

ビールとの相性も抜群〜！

20:00
地元でも人気の
フィリピン料理ディナー

ジューシーな豚の丸焼きレチョンが名物のハウス・オブ・レチョン→P52

アレンジプラン
セブの海をもっと身近に感じたいならダイビングに挑戦してみよう。体験ダイビングでも舞台となるのは透明度の高い海。色とりどりの魚を観察することができる。

DAY4
最終日はホテルで
リゾート気分 を満喫

8:30
朝食後はプールで
のんびり
↓

ビーチも極上クオリティ！

10:00
至福のスパタイム
↓

11:30
ホテルを出発
↓ 車で20分

成田国際空港には20時30分に到着

14:40
マクタン・セブ
国際空港を出発

セブ最大級の施設をもつCHIスパで心身のバランスを整える→P56

プランテーション・ベイ・リゾート＆スパのプールはとにかく広々→P26

ADVICE!
空港内はおみやげがあまり充実していないので、なるべく帰国する日までに購入を。

7

SPECIAL SCENE 5

セブで叶えたい♥

とっておきシーン5

セブ島で絶対に体験したい5つのシーン！ 優雅なリゾートライフから
ダイナミックな自然との触れ合い、そしてフォトジェニックなスイーツや雑貨まで、
セブのハロハロ(ごちゃまぜ) な魅力を紹介します。

SCENE 1

Viva！ビーチバケーション
楽園リゾートでお姫様気分を満喫したい！

アジアの楽園セブでは、1日くらいは外出しないでホテルステイを満喫して。クリアブルーの海、広々としたプール、絶景レストランに優雅なスパ……すべてがお姫様気分を盛り上げます♡

やりたいこと！
心も身体もキレイになる、スパで**フラワーバス体験**♡

女子なら一度は体験したいフラワーバス。色とりどりのトロピカルフラワーが浮かぶアロマバスは、ストレスの軽減やリラックス効果が期待できる。

右：鮮やかな花びらが浮かぶ広々バスは女子の憧れ！写真はノア・ストーン＆スパ・リゾート→P59　左：使用するアメニティも上質→P56

やりたいこと！
水平線に溶け込む、**インフィニティプール**でセルフィー！

リゾートホテルのプールは、浸かった状態で視線の先に水平線が延びるインフィニティエッジが定番。低い位置から撮影すると、プールと海がつながっているよう。

上：海に続くデュシタニのプール→P28　左：ヤシの木に囲まれたシャングリ・ラのプール→P22

やりたいこと！
エメラルド色に輝く、**遠浅ラグーン**をお散歩♪

マクタン島のリゾートホテル前には、ターコイズブルーの海が広がる。真っ白な砂浜にひたひたと波が寄せる様子は、まさに楽園のイメージそのもの。

シャングリ・ラ・マクタン セブの前に広がる穏やかなラグーン→P22

夕日に染まる空も美しい。涼しくなるので散歩にもよい

やりたいこと！
ロマンチックなリゾートダイニングで**海と絶品シーフード！**

ホテル自慢のレストランでは、オーシャンビューと絶品料理を。特にセブの豊かな海でとれた新鮮なシーフードは、マストトライ！　優雅な雰囲気を堪能しよう。

右：シャングリ・ラのコウリー・コーブ→P50　下：サンセットが美しいデュシタニのバー→P28

セブで叶えたい♥ とっておきシーン5

SCENE 1 楽園リゾートで
お姫様気分を
満喫したい！

楽園リゾートライフ1DAYシミュレーション！

セブのリゾートホテルで、朝から晩まで楽園気分を満喫しちゃおう。

7:00
早起きして
爽やかな
朝のお散歩

風が爽やかな早朝は散歩に
ぴったり。前の晩に打ち上げ
られたサンゴや貝を探しな
がらビーチを歩いてみよう。

空からの
眺めに感激☆

Exciting!

9:30
美しい海を舞台に
アクティビティ三昧！

リゾートホテル前の海でアクテ
ィビティに挑戦。初心者用にレッ
スン付きのプランもある。

ここがセブ！
ホテルの目の前の海
やプールで遊べて、ア
クティビティも
充実！

8:00		11:00
7:00	9:30	12:00

8:00
フルーツたっぷり
ヘルシーな朝食を

朝食はゴージャスなビュッフ
ェ！ 新鮮なフルーツをいっ
ぱい食べてエナジーチャージ。
フィリピン料理もおいしい♪

ここがセブ！
美しい砂浜にホテル
の専用パラソルが並
びプライベート感た
っぷり♡

日焼けには
ご注意〜！

fluffy

11:00　白砂のビーチで**リゾート気分を満喫**

真っ白な砂浜にテンションがあがる！ トロピカルカク
テルを片手にビーチチェアに寝転ぶ至福の時間〜♪

12:00
海を一望する
テラスでランチ

潮風を肌に感じながらのランチタイム。美しい海が料理をさらにおいしく感じさせてくれる。

19:00
ドレスアップして
優美にディナー

実力派シェフをそろえたリゾートホテルのダイニングには、少しオシャレをして出かけたい！

16:00
自分へのご褒美に
愉楽のスパ

ホテル自慢のラグジュアリーなスパは、優雅なインテリアときめの細かいサービスが癒やしの世界へと導く。

ここがセブ！
古くからフィリピンに伝わるヒロットやバンブーマッサージを体験。

20:00
一日の締めくくりは
バーで大人タイム♪

リゾートホテルのバーは雰囲気もよく居心地がいい。敷地内なら夜遅くなっても安心。

13:30　　　　　16:00　　　　　18:00　　　　　19:00　　　　　20:00

13:30
プールサイド
でゆったり
お昼寝

暑い日中はプールサイドでのんびりするのがおすすめ。ときどきプールでクールダウン！

ここがセブ！
海を眺めながら過ごせるプールが多く開放的。リゾート気分がUP！

専用プールでの〜んびり

18:00
カクテルを片手に
ロマンチックな夕日を

マクタン島の東海岸からは直接夕日は見えないが、赤く染まった空が少しずつ暗くなっていく様子は幻想的。

DRAMATIC

リゾートステイを楽しむコツ

好立地のパラソルは早いもの勝ち！
パラソルとデッキチェアは数に限りがあるので、早めにキープしておくと安心♪

日替わりのアクティビティをチェック
ホテルによってはヨガやエアロビクスなど無料のアクティビティを開催していることも！

夕方のスパは初日に予約が鉄則
スパは夕方が最も混雑するので、その時間帯を希望する場合は早めの予約を。

※リゾートステイのスケジュールは特定のホテルではなくイメージです

SCENE 2

世界最大のサメと泳ぐレア体験
オスロブの
ジンベエザメに会いたい！

オスロブはセブ・シティの南に位置する小さな漁村。
体長10mオーバーのジンベエザメと泳げる奇跡の海があり、
観光客に大人気！　おとなしいサメなので至近距離まで近寄れる。

ジンベエスイムの注意点

1 ジンベエザメが逃げてしまったり、傷をつけてしまったりするので絶対に触らないこと。

2 繊細なジンベエザメはケミカルなものが苦手。日焼け止め剤はNGなので、ラッシュガードなどで紫外線対策を。

3 ジンベエザメはエサを求めて船の近くに寄ってくるが、えさを食べ終わると沖へ帰ってしまう。ツアー以外の場合は早めの時間帯に見に行こう。

6:15
バンカーボートからサメを観察

船で数分移動した近海で出合えることも多い。えさを求めて水面で口を大きく開ける様子は迫力満点！

船の下からジンベエの巨体！大迫力〜

早朝、出発して午前中に戻る
★半日ツアーへ Go!

6:00
オスロブに到着

インストラクターから諸注意を受ける。事前に準備するものは通常の水着のみでOK。

3:00
ホテル出発

※時間は滞在ホテルにより異なり、交通事情により遅れることがある。セブ・シティからは車で3時間ほど南下する

**性格は
いたって穏やか**

性格は臆病でおとなしい。歯は退化しており人間を襲うことはない。

**名前の由来は
模様から**

和名は体の模様が着物の甚兵衛に似ていることからつけられた。

**主食は
プランクトン**

主にオキアミなどのプランクトンを海水ごと飲み込み食べている。

**時速
約5kmで泳ぐ!**

通常は人間が歩くのと同じくらいの時速3〜5kmでゆったりと泳ぐ。

**体長は
10〜12m**

生まれた時は、体長約1m。およそ30年間で10m以上に成長する。

**お腹に
コバンザメ!?**

巨体に隠れるように、お腹にコバンザメが付いていたり、周辺をロウニンアジやマグロが泳いでいたりすることも多い。

6:30
⟹ **ジンベエスイム、
スタート♪**

人間に危害を加えることはほぼなく、接近しても安心。多いときは5〜6尾のジンベエザメが寄ってくることも!

GoProを
レンタルして
水中撮影!

9:00
途中の街で休憩

希望があれば、セブ・シティから1時間30分ほどの街で休憩(往路でも可)。

⟹ **11:30**
ホテルに到着

雄大な自然が生み出した不思議なアート

SCENE
3

チョコレートヒルズに感動したい！

ボホール島の内陸部に突如現れる高さ30mほどの円錐形の丘群。
ほぼ同じ大きさの丘が見渡すかぎり、地平線まで連なっている。
大自然が造り出した幻想的な景観に感嘆！

Chocolate Hills Active Plan
チョコレートヒルズをアクティブに満喫！

1 まずは**基本の展望台**へ

220段の階段を上った展望台からチョコレートヒルズを一望。遠くまで見渡せるので、記念撮影にもぴったり。

ポコポコ連なる
丘がかわいい〜

2 ドキドキの
バイクジップ

バイクジップは、空中に張られたロープの上を自転車で走るアクロバティックなアクティビティ。眺めは最高！

心拍数上昇！ 風に揺られるスリルがやみつきに

爽快感が
ハンパないっ

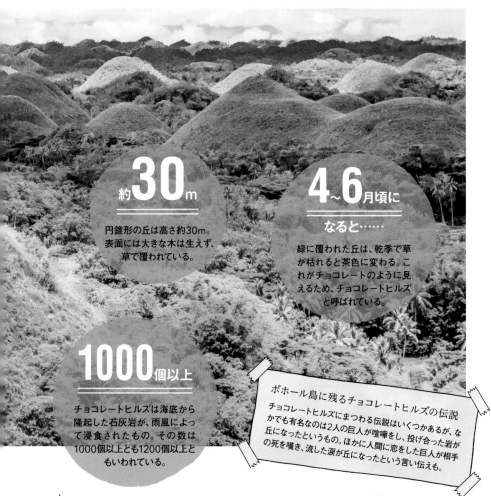

約30m

円錐形の丘は高さ約30m。表面には大きな木は生えず、草で覆われている。

4～6月頃に

なると……

緑に覆われた丘は、乾季で草が枯れると茶色に変わる。これがチョコレートのように見えるため、チョコレートヒルズと呼ばれている。

1000個以上

チョコレートヒルズは海底から隆起した石灰岩が、雨風によって浸食されたもの。その数は1000個以上とも1200個以上ともいわれている。

ボホール島に残るチョコレートヒルズの伝説

チョコレートヒルズにまつわる伝説はいくつかあるが、なかでも有名なのは2人の巨人が喧嘩をし、投げ合った岩が丘になったというもの。ほかに人間に恋をした巨人が相手の死を嘆き、流した涙が丘になったという言い伝えも。

3 バギーで丘のふもとまでGO

四輪駆動のバギーでオフロードを走りチョコレートヒルズのふもとへ。周りに巨大な丘が連なる。

MYSTERIOUS!

丘を背景にセルフィー♪

360度、チョコレートヒルズに囲まれた絶景コースを走る

TOUR DATA

ボホール島チョコレートヒルズ アドベンチャーパークツアー

チョコレートヒルズを見るだけでなく、アクティビティを楽しみながらさまざまな角度から丘群にアプローチできるツアー。

MAP 付録P3C3
所要時間 13時間。出発6時（ホテル送迎あり）
料 US$115（施設入場料、リバークルーズランチ、往復高速船、送迎代込み）、2名から催行
社 PTNトラベル→P63

※ボホール島へのアクセスはP71をチェック！

甘さと酸味のコラボ
マンゴー *Mango*

SCENE 4

トロピカルフルーツてんこ盛り♪
かわいいフィリピンスイーツを SNSにアップしたい!

フレッシュな
フルーツが
決め手!

さっぱり酸味がおいしい
ランサ *Langsat*

暑いフィリピンでは、ひと休みに冷た〜いスイーツが
欠かせない。新鮮なフルーツを使った
スイーツなら、食後でもペロリと食べられちゃう!

中身は白い南国フルーツ
ランブータン
Rambutan

ジューシーな果物の女王
マンゴスチン
Mangosteen

実はクリーミーでハマル!?
ドリアン *Durian*

A
ココナッツ
プリン

ひと味違う
プリンの
ハロハロ♪

Crème de Leche Halo-Halo

キャラメライズドバナナ
クレーム・デ・レチェ・ハロハロ 84P
カスタードプリンがたっぷりトッピングされた新
感覚のハロハロ。濃厚な甘さで、スイーツ好きに
はたまらない!

タピオカ
ウベアイス
バナナ
パンダンゼリー

Pinoy Halo-Halo

プリン
ウベジャム
ココナッツ
煮豆
ジャック
フルーツ

A ## ピノイ・ハロハロ 75P
ハロハロとはタガログ語で「混ぜこぜ」という意味。
その名のとおり異なる食感と甘味、香りに刺激され
幸福度MAX!

B
餅
ピーチ

ピーチー・ロマンス
69P (16oz)
マンゴー&ピーチシェイク
の下に、タピオカが隠れ
た贅沢ドリンク。ピーチと
餅をトッピング。

Peachy Romance

タピオカ マンゴー

B
マンゴー・サゴ
69P (16oz)
フレッシュマンゴーとタピオ
カをトッピングしたマンゴー
ミルクシェイク。マンゴー三
昧が嬉しい!

Mango Sago

マンゴーの
食感の違いを
楽しんで

A マクタン島 ファストフード
マン・イナサル
Mang Inasal

フィリピンでは誰もが知っている
中華料理のファストフード店。デ
ザートはほぼハロハロ一択だが、
かなりクオリティが高いと評判の
人気メニュー。 MAP 付録P6A2
⊗マクタン・セブ国際空港から車
で5分 ⊕ Block B Ground Floor,
Marina Mall MEZ1, Lapu-Lapu
City, Mactan Is. ☎032-231-7668
⊕7〜22時 ㈬なし 英 ✓

B セブ・シティ テイクアウト
マンゴー・ファーム
The Mango Farm

フィリピン全土にあるフルーツシ
ェイク店。オーダーごとにミキサー
にかけるシェイクは、フルーツの
甘味を生かしたレシピ。12oz、
16oz、22ozの3サイズ。 MAP 付
録P4B2 ⊗オスメニア・サークル
から車で15分 ⊕SMシティ・セ
ブ2階〜P44 ☎なし ⊕10〜21時
(金・土曜は〜22時) ㈬なし
英 ✓

Strawberry Yogurt Bowl

イチゴ

ストロベリー・ヨーグルト・ボウル C
218P
ほのかに甘いストロベリー・ヨーグルトにコーンフレークやアーモンド、チアシードなどの異なる食感が絡む楽しい一皿。

アーモンド
コーンフレーク
グラノーラ
チアシード
バナナ

オーシャン・バースト・スムージー・ボウル 278P
ブルーベリースムージーの海がココナッツフレークの砂浜に打ち寄せる映えスイーツ。マンゴーのヒトデがかわいい☆。

Ocean Burst Smoothie Bowl C

シェイブドココナッツ
チアシード
マンゴー
ブルーベリー
ブルーベリースムージー
グラノーラ

アサイースムージー　マンゴー　グラノーラ　シェイブドココナッツ　チアシード　キウイ

アサイー・ベリー・スムージー・ボウル C
278P
甘酸っぱいアサイースムージーが、マンゴーやキウイの味を引き立てる爽やかなメニュー。グラノーラの食感が◎。

Acai Berry Smoothie Bowl

南国の味がクセになる！

パッションフルーツジェラート

パッションフルーツ D
185P (2 Scoop)
爽やかな酸味が特徴のパッションフルーツジェラート。甘酸っぱい果肉の味が上品。種はスナック感覚で！

Passionfruits

ココナッツジェラート

ココナッツ D
185P (2 Scoop)
クリーミーなココナッツは、セブらしいフレーバー。口に入れた瞬間に広がる濃厚な甘みも、最後はスーッと消えていく。

Coconuts

C セブ・シティ カフェ
クーイー
Cooee
店名はオーストラリアのスラングで「Come here」という意味。野菜やフルーツをたっぷり使ったメニューを用意している。ドリンクやデザートも華やか。MAP付録P4A3 ⊗オスメニア・サークルから徒歩3分 ⑰Lower Ground Floor, Raintree Mall, Ramos St., Cebu City ☎032-253-2393 ⑱8〜22時 休なし 英 英

D セブ・シティ テイクアウト
ジェラティッシモ
Gelatissimo
シドニー発のジェラート専門店。約24種類のフレーバーをそろえ、カップかコーンで味わえる。1スクープ130P、2スクープ185P、3スクープ220P。MAP付録P4B2 ⊗オスメニア・サークルから車で15分 ⑪SMシティ・セブ2階→P44 ☎なし ⑱9〜21時（金・土曜は10〜22時）休なし 英

SCENE 5

地元の魅力を持ち帰ろう！
メイド・イン・フィリピンのおみやげがほしい！

フィリピンでまず買うべきは、フィリピン産のアイテム。
名産のドライマンゴーや天然素材の小物、リゾートで使えそうなファッショングッズに注目！

keyword 1

ドライマンゴー
Dried Mango

フィリピンの名産品ペリカンマンゴーは、甘味と酸味のバランスのよさが魅力。ドライマンゴーならバラマキみやげに◎。空港のみやげ店やスーパーなどでゲットできる。

高級感あり！

Fruit Tree
透明感のある見た目も美しいマンゴー／109.50P

果実感　甘み　香り

FRESH!

酸味にはまる！

果実感　甘み　香り

バランスのよさが◎！

7D
日本でも知名度が高い商品。上品な甘さが特徴／87.50P

果実感　甘み　香り

Phillipine Brand
酸味の強いグリーンマンゴーをミックス／120P

---

keyword 2

地元女子も愛用！

ナチュラル小物
Natural Items

アバカ（マニラ麻）、パンダンリーフ、竹などで作ったバッグやポーチ、フルーツを使った石けんなどが狙い目！

オーガニックソープ
ココナッツオイルやパパイヤエキスを配合したオーガニック石けん（→P48）／80P

カゴバッグ
パンダンとヤシの繊維を編んで作った大きめバッグ（→P46）／2499.75P

ポーチ
パンダンリーフのクラッチバッグ風ポーチ（→P46）／99.75P

keyword 3

リゾートファッション
Resort Fashion

リゾートウェアは現地調達もあり。リゾート気分を盛り上げるビビッドカラーのアイテムをチョイスしよう。

ストローハット
ビーチやプールサイドでは、紫外線＆暑さ対策のためのつばの広い帽子を（→P45）／995P〜

ビーチサンダル
ビーチリゾートには欠かせないサンダル。南国風の柄を探して（→P46）／200P

ワンピース
トロピカルデザインのワンピースは、水着の上に着られる素材をゲット！（→P45）／1850P

Lala Citta Philippines

Area1

セブ島

Cebu Island

休日の舞台は真っ白な砂浜と青い海！
遊び疲れたらホテル自慢の極楽スパへ。
SNS映えのスイーツやカフェも忘れずに♥

セブ島 エリアNAVI

日本から直行便で約5時間というアクセスのよさが魅力のセブ島は、
手ごろな値段で憧れのリゾートステイが叶う人気エリア。優雅なビーチバカンスへ！

セブ島でやりたいこと BEST3

① アイランドピクニック(→P34)

マクタン島の沖に浮かぶ島々を巡り、シュノーケリングやバーベキューランチを堪能。

② ジンベエザメと泳ぐ(→P12)

セブ島南部のオスロブで、世界最大の魚、ジンベエザメと一緒にシュノーケリング！

③ 癒やしのスパ体験(→P56・58)

ホテルの高級スパから評判の街スパ、格安マッサージまで種類豊富。お姫様体験を♪

贅沢なリゾートホテルが並ぶ

① マクタン島
Mactan Island

国際空港があるセブの玄関口。セブ島とは2本の橋でつながっている。空港から車で約20〜30分の南東海岸にリゾートホテルが立ち並ぶ。ビーチではシュノーケリングやパラセーリングなどのマリンアクティビティを楽しめる。

1：周辺の海はシュノーケリングに最適　**2**：癒やしのCHIスパ→P56　**3**：ブルーウォーター・マリバゴ・ビーチ・リゾートのビーチに置かれた巨大なチェス盤→P32

活気にあふれたセブ島の中心地

② セブ・シティ
Cebu City

\\ NOSTALGIC! //

高層ビルやホテルが林立するフィリピン第2の都市。「フィリピン最古の街」「フィリピンのキリスト教発祥の地」としても知られている。在住外国人が多く、おしゃれなレストランやカフェも増加中！

1：セブ市民に愛されるサント・ニーニョ教会→P40　**2**：バードシード・ブレックファスト・クラブ＋カフェのパンケーキ→P55　**3**：アップタウンに立つオスメニア・サークル

セブの海を
見下ろそう～!

ACCESS

セブ島への交通

成田国際空港からマクタン島へ直行便
が運航しており所要約5時間。マクタ
ン・セブ国際空港からはホテルの送迎
車か定額制のクーポンタクシー、メー
 タータクシーなどを利用する。マクタン
島のホテルまで20～30分、セブ・シティ
まで40分～1時間。→P118

最も多くの便を運航するフィリピン航空

セブ島での交通

観光客にはタクシーや運転手付きのレ
ンタカーが便利。流しのタクシーはメー
ター制で初乗り40P。メーターを使わ
ない運転手がいるので注意しよう。心
配な人は定額制のホテルタクシーを利
用すると安心。→付録P12

観光客には最も使い勝手のよいタクシー

✳ セブの ✳
憧れリゾートホテル
—— Cebu Resort Hotel ——

ラグジュアリーなリゾートホテルから、小ぢんまりとしたブティックリゾートまで、
優雅なリゾートライフを過ごせるおすすめホテルを一挙ご紹介！

リゾートホテルの選び方

1 ホテルの位置を確認
マクタン島のリゾートホテルに泊まるか、プライベート感を重視したセブ島南部や北部に泊まるか、エリアをチェック。

2 スパのタイプから
ホテルのスパは、プライベート感たっぷりのブティックスパから、多彩なメニューをそろえたゴージャススパまでさまざま。

3 設備をチェック
プールがたくさんあったり、日本人常駐のアクティビティ会社があったり、レストランが充実しているなどの特徴がある。

Natural!

プールサイドは
居心地抜群！

カップルもファミリーも
満足のラグジュアリーホテル

マクタン島

シャングリ・ラ マクタン セブ
Shangri-La's Mactan Cebu

穏やかな入り江を見下ろす、セブ随一のゴージャスホテル。1500㎡のプールを中心に緑豊かなガーデンが広がり、美しいビーチではアクティビティを楽しむゲストの姿も。レストランやスパなど施設も充実。

MAP 付録P6B2 ⊗マクタン・セブ国際空港から車で20分⑪Punta Engaño Rd., Lapu-Lapu City, Mactan Is. ☎ 032-231-0288 ⑭デラックス・ルーム1万3000P～、デラックス・シービュー1万4000P～、オーシャンウィング・プレミア・ルーム1万5500P～ほか ※シーズンや空き状況によって異なる
客室数 530室 URL www.shangri-la.com/jp

🔒 ❄ 🐕 👥 👘 🛏 🍴 🛁 ☕

主な施設とサービス 屋外プール（2）、子供用プール、フィットネスセンター、ジャクジー、ビジネスセンター、24時間ルームサービス、キッズクラブ、テニスコート、インターネット無線LAN接続
レストラン&バー タイズ（インターナショナル）、ティー・オブ・スプリング（中国料理）、コウリー・コーブ・シーフード・バー&グリル（シーフード）→P50ほか
アクティビティ シーカヤック500P／1時間、ボディボード500P／1時間、スタンドアップ・パドルボード（SUP）1000P／1時間、ジェットスキー3000P／30分ほか

Romantic

1：きれいなガーデンに囲まれたプールでのんびり　2：ヤシの木に囲まれたインフィニティプール　3：シーサイドで魚介料理を味わえるコウリー・コーブ・シーフード・バー&グリル→P50　4：モダンなインテリアのティー・オブ・スプリング　5：1万㎡の庭にスパ・ヴィラが並ぶCHIスパ→P56　6：紺碧の海を一望するパノラマ・スイートのテラス

┌─ とっておきPoint♥ ─┐

アクティビティにぴったりのビーチ

岩に守られた小さな入り江は、波が少なくアクティビティを楽しむのに最適。アクティビティセンターには日本人スタッフもいる。→P38

入り江に面して緩やかに弧を描く真っ白な砂浜

Healing

自然との調和を追求した、
全室スイート仕様の優美な空間

ナイトタイムが
ロマンチック

オリジナル
カクテルも！

サン・フェルナンド

プルクラ Pulchra

ラテン語で「美しい」という名称の通り、花や緑に囲まれるように客室やレストランが点在。すべての客室にプライベートプールが備わり優雅な休日を過ごせる。

MAP 付録P3B3 ⊗マクタン・セブ国際空港から車で1時間10分
⊕San Isidro, San Fernand ☎0436-25-0261（日本総代理店）
㉄プール・ラグーン・スイート1万6500P〜、プール・ガーデン・ヴィラ3万P〜、シーフロント・ジャクジー・ヴィラ3万5500P〜ほか
客室数31室 URL www.pulchraresorts.com

主な施設とサービス 屋外プール、子供用プール、スパ、送迎アレンジ（ドライバー付き）、チャペル、日本人スタッフ
レストラン&バー ヴェントス（インターナショナル）、リーパ（アジア料理）、オーボス（ヨーロピアンキュイジーヌ）ほか
アクティビティ シュノーケリングツアー5490P、早朝シュノーケリングツアー無料、プールでの体験ダイビング無料、ココナッツオイル作り732Pほか

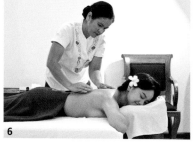

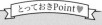

♥とっておきPoint♥

31室のみのプライベート感

自然に包まれた客室は31室だけ。目の前のビーチやプールにはゲストしかおらず、プライベート感たっぷりの贅沢な時間を過ごせる。

大理石や木材など自然素材を使った居心地のよい客室

1：プールに囲まれたメインレストラン、ヴェントス。夜はロマンティックな雰囲気　2：緑に守られたシーフロント・ジャクジー・ヴィラ　3：ビーチに並んだラナイでのんびり　4：リゾートの中心には緩やかに曲線を描く回遊式プールが　5：眺めのいいビーチラナイで朝食という贅沢。プールサイドや客室で食べることもできる　6：フィリピン伝統のマッサージを中心に癒やしのメニューをそろえたスパ、ウンディーナ

伝統の馬車
カレッサ

1

マクタン島

プランテーション・ベイ・リゾート&スパ
Plantation Bay Resort & Spa

2万3000㎡のラグーンプールを客室棟が囲む、コロニアルデザインのリゾートホテル。客室はバルコニーから直接プールに入れるウォーターズ・エッジが人気。

MAP 付録P6B3 ⊗マクタン・セブ国際空港から車で45分 ⊕ Marigondon, Mactan Is. ☎ 032-505-9800 ⑧プールサイド・ルームUS\$297〜、ラグーン・ビューUS\$234〜、ファミリー・ルームUS\$246〜、ウォーターズ・エッジUS\$271〜ほか 客室数 253室 URL plantationbay.com

主な施設とサービス 屋外プール（3）、子供用プール、フィットネスセンター、キッズクラブ、テニスコート、ビジネスセンター、24時間ルームサービス、インターネット無線LAN接続、日本語スタッフ
レストラン&バー バレルモ（イタリアン）、フィジー（アジア・パシフィック料理）、サバンナ・グリル&ラウンジ（ファストフード）ほか
アクティビティ シュノーケリングツアー5000P（3名。以降1名につき1000P）、アイランドホッピング7500P（3名。以降1名につき1500P）、テニス700P／1時間ほか

2

3

4

1：時間帯によって馬車が走る 2：部屋からプールに入れるウォーターズ・エッジ 3：オリエンタルなスパ、モガンボ・スプリングス→P57 4：シックなインテリアのスイート

とっておきPoint♥

広々、ラグーンプール
海水を引き込んだラグーンプールには滝やウォータースライダー、湧き出る泉など遊び心あふれる仕掛けがいっぱい。

Spacious!

部屋の目の前にプールが！

ラグーンプールは
一日遊べる充実度！

真っ白なパラソルが
ラグーンに映える

Brand new!

1

2

> **とっておきPoint♥**
> **敷地内にアート作品が!**
> いたるところにセブ島出身で世界的に活躍する家具デザイナー、ケネス・コボンプエ氏の作品が展示され美術館のよう。

3

マクタン島

シェラトン・セブ・マクタン・リゾート
Sheraton Cebu Mactan Resort

2022年9月にオープンした11階建てのホテル。5階のロビーをはじめ各所から海を一望できる。岩や植物をなるべく残して建てられたエココンシャスなデザインも◎。

MAP 付録P6B1 ⊗マクタン・セブ国際空港から車で28分 ⊕Punta Engaño Rd., Mactan Island ☎032-520-5500 ㊼コートヤードビュー1万1400P〜、オーシャンビュー1万2900P〜、ジュニア・スイート2万4900P〜ほか
客室数 261室 URL www.marriott.co.jp/hotels/travel/cebsi-sheraton-cebu-mactan-resort

🔒❄🏖🍴🏊🛁👥🧖‍♀🛏🚻♨☕

主な施設とサービス 屋外プール(2)、子供用プール、スパ、フィットネスセンター、24時間ルームサービス、キッズクラブ、インターネット無線LAN接続
レストラン&バー シンコ・シエン(インターナショナル)、ディップ(日系ペルー料理)、プヒ・バー(バー)ほか
アクティビティ カヤック450P/30分、スタンドアップ・パドルボード600P/30分ほか

4

5

6

1:周囲にホテルが少ないため海の透明度は抜群! 2:ロビーにもアート作品が並ぶ 3:棚田をイメージしたプールは落ち着いた雰囲気 4:オーシャンビューのバルコニー 5:ダブルベッドが2台のツインルーム 6:洞窟モチーフのプヒ・バー

エキゾチックな
タイ料理を満喫

1

マクタン島

デュシタニ・マクタン・セブ
Dusit Thani Mactan Cebu

マクタン島から突き出したエンガノ岬の西側に立つタイ発のラグジュアリーリゾート。長さ100mのプールやセブ随一の本格タイ料理レストランなど充実した施設がそろう。

MAP P6B1 ⊗マクタン・セブ国際空港から車で30分
⊕Punta Engaño Rd., Mactan Island
☎032-888-1388 ⑭デラックス・ガーデンビュー1万2800P〜、デラックス・シービュー1万5300P〜、デュシット・クラブ・デラックス1万8800P〜ほか
客室数272室
URL www.dusit.com/dusitthani-mactancebu/ja

🔒❄🐘👡👝📶S/R☕

主な施設とサービス 屋外プール（2）、スパ、フィットネスセンター、ビジネスセンター、キッズクラブ、24時間ルームサービス、インターネット無線LAN接続
レストラン&バー ベンジャロン（タイ料理）、トレードウインズカフェ（インターナショナル）、サンセットバー（バー）ほか
アクティビティ シュノーケリングトリップ4750P、バナナボート1750P／15分、パラセーリング4000P〜／10分ほか

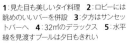

2
3
4
5

1：見た目も美しいタイ料理 2：ロビーには眺めのいいバーを併設 3：夕方はサンセットバーへ 4：32㎡のデラックス 5：水平線を見渡すプールは夕日もきれい

とっておきPoint♡

夕日の美しさは格別！
岬の西側に立つリゾートなので、夕方は美しいサンセットを楽しむのが定番。バーからも目の前に沈む夕日を一望！

5

Long Pool

セブ島最大の長さを誇る
100mのインフィニティプール

爽やかな
ブルータイル♪

Splash

とっておきPoint♥

多彩なプールがそろう

流れるプールや波のプール、3本のウォータースライダーなどテーマパーク並みの充実度。大人も子供も楽しめる。

5つのプールを舞台に
アクティブに遊ぼう！

1

[マクタン島]

Jパーク・アイランド・リゾート＆ウォーターパーク
Jpark Island Resort & Waterpark Cebu

僕のこと
探してね〜

2

セブで最も客室数が多い大型リゾート。広大な敷地に5つのプールを配し、子供連れのファミリーで常に賑やか。客室はホテル棟とヴィラに分かれ、どちらもモダン。

MAP 付録P6B3 ⊗マクタン・セブ国際空港から車で25分 ⊕M.L. Quezon Hightway,Brgy. Maribago Lapu-Lapu City, Mactan Is. ☎032-494-5100 ㊟デラックス1万4000P〜、デラックス・オーシャンビュー1万5500P〜、マクタン・スイート2万3000P〜、セブ・スイート2万6000P〜ほか

客室数 820室 URL www.jparkislandresort.com

主な施設とサービス 屋外プール（5）、子供用プール、フィットネスセンター、ビジネスセンター、キッズクラブ、24時間ルームサービス、インターネット無線LAN接続

レストラン＆バー マル（韓国料理）、チンハイ（中国料理）、コーラル・シーサイド（シーフード）ほか

アクティビティ パラセーリング2200P／20分、バナナボート1700P／20分、ジェットスキー2000P／20分ほか

1：子供の心をつかんで離さない、遊び心いっぱいのプール　2：いたるところにユニークなオブジェが出現！　3：上品な内装の中国料理レストラン、チンハイ
4：落ち着いた雰囲気のカラ・スパ→P57　5：76㎡のマクタン・スイート

ビーチも極上！ 1

マクタン島

リーフ・アイランド・リゾート
The Reef Island Resort

モダンアートを思わせるコンテンポラリーデザインが印象的。客室は居心地のよさを追求したシンプルな造りで、全室シービューなのがうれしい。レストランも充実。

MAP 付録P6B2 ⊗マクタン・セブ国際空港から車で25分 ⊕Dapdap, Lapu-Lapu City, Mactan Is. ☎032-253-7333 ⊕デラックス7700P〜、デラックス・プレミア9220P〜、プレミア9980P〜
客室数175室 URL www.thereef.ph

主な施設とサービス屋外プール（2）、子供用プール、スパ、フィットネスセンター、キッズクラブ、インターネット無線LAN接続
レストラン&バーキッチン（インターナショナル）、ラウンジ（バー）、ベーカリー（カフェ）ほか
アクティビティシーカヤック無料、スタンドアップ・パドルボード無料ほか

1：ビーチフロントにそびえる高層ホテル 2：パンやピザなどを用意したカフェ、ベーカリー 3：31㎡のデラックス 4：高台から海を望むインフィニティプール 5：アート作品のようなロビー

とっておきPoint♥
ハイレベルなレストラン
レストランやバーは、セブ島で不動の人気を誇るアバカグループが運営。おしゃれな雰囲気づくりも同グループの真骨頂！

5 Elegant

アーティスティックなデザインにテンションUP！

金魚が泳ぐレセプション!?

Casual

自然体で過ごせる
カジュアルな雰囲気が魅力

とっておきPoint♥

大人も子供もプールへ！
ラグーンプールに浮かぶ浮き具や複合遊具、スライダーなどがそろうほか、大人が過ごせる静かなプールもある。

楽しいプールでアクティブに遊ぶ！

南国の休憩には
スムージーがベスト♪

1

2

マクタン島

ソレア・マクタン・セブ
Solea Mactan Cebu

広大な敷地に3つのホテル棟が点在する複合型リゾート。水が流れ落ちるアクアプレイやウォーターパーク、ラグーンプールなど子供が楽しめる施設がいっぱい。15〜23時オープンのルーフトップバーは眺めが最高。

MAP P6B4 ⊗マクタン・セブ国際空港から車で40分 ⊕Wahing St., Barangay Alegria,Cordova, Mactan Is. ☎032-517-8889 ㊙プレミア・プールビュー6525P〜、プレミア・シービュー1万140P〜、プレミア・ガーデンビュー1万3038P〜、プレミア・シティビュー1万5468P〜ほか 客室数555室 URL soleahotels.com

主な施設とサービス 屋外プール（9）、子供用プール、スパ、フィットネスセンター、キッズクラブ、ビジネスセンター、インターネット無線LAN接続
レストラン&バー アース（インターナショナル）、ソルト&スカイ（ルーフトップバー）、クック（バー）、ロビーラウンジ（カフェ）ほか
アクティビティ カヤック300P／1時間、スタンドアップ・パドルボード300P／1時間ほか

1：複合遊具の上のバケツから水が流れ落ちるアクアプレイ　**2**：酸味が爽やかなグリーンマンゴー・スムージー　**3**：真っ白な砂浜が広がるビーチ　**4**：シンプルで過ごしやすいプレミア・シービュー　**5**：アースでは朝・夕食にビュッフェを用意

個性派カジュアルリゾート
—— Casual Resort ——

セブにはビーチを堪能しつつ、コスパをおさえたリゾートホテルもある。
リゾート気分は味わいたいけれど、肩肘張らずにカジュアルに過ごしたい人におすすめ！

自然体で過ごせる
カジュアルさが魅力

ここに注目！
沖に浮かぶアレグラドと呼ばれる島が天然の防波堤になり、目の前の海はとっても穏やか。

1：プールを中心に施設が並ぶ
2：静かなビーチでくつろげる
3：20室あるプレミア・デラックス　4：5つのトリートメントルームを備えたアムマ・スパ

マクタン島

ブルーウォーター・マリバゴ・ビーチ・リゾート
Bluewater Maribago Beach Resort

リゾートホテルが集まるマリバゴ地区に立つローカルブランドのホテル。穏やかな入り江に面したビーチには茅葺きのパラソルが並び、ゲストがのんびり過ごしている。客室はシンプルなデザインで快適。

MAP 付録P6B2 ⊗マクタン・セブ国際空港から車で25分 ⊕Maribago, Buyong Lapu-Lapu City, Mactan Is. ☎032-492-0128 ⊕デラックス1万2000P～、アムマ・スパ・スイート1万4000P～、プレミア・デラックス1万6000P～ほか 客室数190室 URL www.bluewatermaribago.com.ph

主な施設とサービス 屋外プール（3）、子供用プール、フィットネスセンター、スパ、インターネット無線LAN接続
レストラン&バー アレグロ（インターナショナル）、ザ・コーブ（シーフード）ほか

マクタン島

青空シーサイド・マクタン
Aozora Seaside Mactan

ゆったり海を満喫できる
プチリゾート

穏やかな海に面したリゾートホテル。客室は12室のみで、別荘風のヴィラタイプと海が見えるホテルタイプから選べる。宿泊客でなくてもデイユースで施設が使える。

MAP 付録P6B1 ⊗マクタン・セブ国際空港から車で25分 ⊕ Punta Engaño Rd., Lapu-Lapu City, Mactan Is. ☎ 032-564-2171 ⊕スタンダード4200P～、デラックス5000P～ほか 客室数12室 URL www.cebu-nikka.jp

ここに注目！
海を望むメインプールやジャクジー付きプールなど、異なるプールを使い分け！

1：インフィニティエッジの大プール
2：シックなデザインのデラックス

主な施設とサービス 屋外プール（2）、ジャクジー、24時間ルームサービス、インターネット無線LAN接続、日本人スタッフ
レストラン&バー 青空シーサイド・レストラン（フィリピン料理）
→P51

自然体でくつろげる
ナチュラルリゾート

マクタン島

パシフィック・セブ・リゾート
Pacific Cebu Resort

226mの砂浜に面したナチュラルなリゾート。客室はホテル棟とヴィラがあり、どちらも低層なので開放的。

MAP 付録P6B3 ⊗マクタン・セブ国際空港から車で40分
⊕ Suvabasbas,Lapu-Lapu City,Mactan Is. ☎ 032-415-6100
⊕スタンダード6500P〜、スーペリア7500P〜ほか
客室数115室 URL www.facebook.com/pacificceburesort

主な施設とサービス 屋外プール (2)、子供用プール、フィットネスセンター、スパ、ビジネスセンター、テニスコート、24時間ルームサービス、インターネット無線LAN接続
レストラン&バー ラ・テラサ (インターナショナル)、サンケン・プール・バー (バー)

ここに注目！
2階建てのホテル棟からヴィラまで客室の選択肢は豊富。ファミリー向けの広い部屋も。

1 : 客室は装飾の少ないシンプルな造り　2 : 客室棟がプールを囲む

マクタン島

コスタベリャ・トロピカル・ビーチ・ホテル
Costabella Tropical Beach Hotel

ビーチの美しさで知られる老舗ホテル。ヤシの木に囲まれたガーデンに客室棟が並び、トロピカルな雰囲気。

MAP 付録P6B2 ⊗マクタン・セブ国際空港から車で25分
⊕Buyong, Mactan Is. ☎032-238-2700 ⊕デラックス1万P〜、デラックス・プールサイド1万1000P〜、ジュニア・スイート1万6000P〜ほか 客室数135室 URL costabellaresort.com

主な施設とサービス 屋外プール (3)、スパ、キッズクラブ、24時間ルームサービス、インターネット無線LAN接続
レストラン&バー ラ・マリーナ (インターナショナル)、ブリッサ (アジア・パシフィック料理)、ルナ (タパス&バー)

美しいビーチで
アクティブバカンス！

ここに注目！
堤防に挟まれたホテルの前の海は、静かで天然プールのよう。アクティビティにも◎。

1 : 白砂に面し穏やかな海が広がる　2 : 熱帯植物いっぱいのナチュラル感が◎　3 : 広々としたスイート

リピーターも多い
居心地のよさが魅力

ここに注目！
併設のダイビングサービス「ブルーコーラル」は日本人経営。体験ダイビングも安心♪

1 : 上品なインテリアのスーペリア
2 : ラグーン型のプールは居心地抜群

マクタン島

セブ・ホワイト・サンズ・リゾート&スパ
Cebu White Sands Resort & Spa

熱帯植物に囲まれたプールを中心に、客室棟が並ぶ小ぢんまりとしたホテル。客室はシックなブラウン系。

MAP 付録P6B2 ⊗マクタン・セブ国際空港から車で25分
⊕ Maribago, Mactan Is. ☎ 032-268-9000 ⊕ デラックス8500P〜、グランド・デラックス9000P〜、プレミア・ルーム1万2500P〜ほか 客室数86室 URL whitesands.com.ph

主な施設とサービス 屋外プール、子供用プール、スパ、ジャクジー、ベビーシッティングサービス、ビジネスセンター、24時間ルームサービス、インターネット無線LAN接続
レストラン&バー パティオ・カヴィーノ (インターナショナル)、ブエナヴィスタ (フィリピン料理) ほか

白砂とクリアブルーの海に癒やされる贅沢トリップ

アイランドピクニックで セブの海を満喫！

フィリピンの美しい海を堪能するなら、
いくつかの島々を巡るアイランドホッピングがおすすめ。
真っ白な砂浜に縁どられた島で、シュノーケリングを
楽しんだり、ひたすらのんびりしたり、贅沢な時間を過ごして。

（地図）
マクタン島
オランゴ島
スルパ島
バンガナン島
ヒルトゥガン島
ナルスアン島

TOUR DATA

アイランドピクニック

マクタン島の沖に浮かぶ2つの島を、双胴のバンカーボートで巡る人気ツアー。船上のバーベキューランチも含まれ、南国気分をのんびり満喫できる。

所要時間 6時間。出発8時30分（ホテル送迎あり）
料金 US$60〜（バーベキューランチ、マスク・フィン・シュノーケルレンタル、マクタン島内の送迎込み）、2名から催行
問 PTNトラベル→P.63

海を楽しむための 3つのポイント

Point 1
日焼け止めはまめに塗り直すことが重要。背中やふくらはぎにも忘れずに。

Point 2
移動中に波しぶきを浴びることも。カメラや携帯電話は防水ポーチの中へ。

Point 3
出発前の飲酒はNG！ お酒を飲んだときはシュノーケリングをしないように。

島を巡る1day trip

海洋保護区に浮かぶ小さな島々をバンカーボートで探検！
クリアブルーの海にプカプカと浮かぶだけで幸せ〜。

澄んだ海の中にお魚がいっぱい！

Yeah!

🕘 09:30
マクタン島からボートで出発

バンカーボートに乗っていざ出発！ マクタン沖は比較的穏やかな海。体が冷えたときのためにウインドブレーカーがあると安心。

🕙 10:00
ヒルトゥガン島で シュノーケリング

ヒルトゥガン島の周辺はサンゴ海洋保護区に指定されており、無数のカラフルな魚が泳いでいる。まさに楽園そのもの！

Cheese

眺めのよい
舳先は特等席☆

上：スズメダイの仲間。群れて寄ってくると迫力満点！ 右：桟橋の上からは海を泳ぐ魚たちに餌付けができる

安定性抜群のバンカーボートで海へ出発!

セブ島発の人気No.1ツアー♪

island hopping♪

🕛12:00

スルパ島に移動して船上でBBQランチ♪

ジューシーな肉や新鮮な魚介を炭火で焼くバーベキューランチ。完熟フルーツもたっぷりで大満足! おなかいっぱい食べよう。

目の前に海が広がる最高のロケーション。海の透明度も抜群!

甘めの味付けがフィリピン風

🕐13:00

フリータイムはスルパ島に上陸!

歩いて1周できる小さな島には、フォトジェニックなスポットがたくさん。歩き回ってお気に入りの場所を探してみよう。

まぶしいほどの白砂ビーチ!

Photogenic!

魚やヤドカリ、ヒトデなど生物観察も楽しめる

フィリピン伝統のバンカーボート。揺れが少ないのが特徴

🕐13:30

スルパ島を出発

マクタン島まではボートで約20分。港から各ホテルへは車で送ってくれる(マクタン島内のみ。セブ・シティは別料金)。

カラフルな魚たちとランデブー

体験ダイビングで海中遊覧

アジア有数の透明度を誇るセブの海で、
初めてのダイビングに挑戦！
体験ダイビングならインストラクターが
フルサポートで海中世界を
案内してくれるので安心♪

ダイビングに使う器材はこれ！

マスク
水中でのクリアな
視界を保つ。曇り
止めを忘れずに。

B.C.ジャケット
内部の空気を出し入れ
して浮力を調節する。

レギュレータ
タンク内の圧縮空気を吸
える状態にしてくれる。

シュノーケル
水面に顔をつけたま
ま呼吸ができる筒。

ウェットスーツ
身体の保護と保温の
ためのスーツ。

水深計＆残圧計
深さと残りの空気を
チェックできる。

フィン
水中での推進力を得る
ために必須。

透明度が高いから
海の中が明るい♪

ダイビングを楽しむ3ヶ条

Point 1
減圧症のリスクを減らす
ため、飛行機に搭乗する
まで24時間は空けよう。

Point 2
過膨張障害を防ぐため、
ダイビング中は呼吸を止
めないように。

Point 3
海の中では2人1組がルー
ル。体験ダイビングで
はガイドと一緒に行動！

会えたらラッキー！
セブの海のアイドルたち

カクレクマノミ
レア度 ★
イソギンチャクを
棲み家にする、か
わいい人気もの。

ツバメウオ
レア度 ★
人間の顔ほどの大
きさの平らな体が
特徴。

ロウニンアジ
レア度 ★★
潮が当たるドロッ
プオフなどで見ら
れる大型種。

バラクーダ
レア度 ★★
細長いカマスの仲
間で、中層で渦を
巻くように群れる。

ギンガメアジ
レア度 ★★
多いときは数百尾
の群れが玉のよう
に集まる。

マンタ
レア度 ★★★
正式名はオニイト
マキエイ。ゆった
り泳ぐ姿は優雅。

STEP1 ダイビングの基本をお勉強

映像や図を見ながら、講習の流れや水中での注意点を予習。各器材の役割も知っておこう。

機材はすべてレンタルOK！

STEP2 まずはプールで練習！

波のないプールで、まずは器材の使い方を練習。落ち着いて水中での呼吸に慣れよう。

ガイドさんの動きに注目っ

STEP3 船に揺られてボートへ

体験ダイビングでもボートを使って移動することも。魚影の濃いポイントを選んでエントリー。

STEP4 海でのダイビングスタート

ロープをつたってゆっくり潜降。透明度が高いのでストレスが少なく安心感がある。

思いっきりジャンプ！

耳抜きしながら、ゆっくり潜降しよう

STEP5 海中世界はまるで竜宮城☆

浮遊感を楽しみながらサンゴや魚を観察。インストラクターが支えてくれるので力を抜いて！

TOUR DATA

ヒルトゥガン島2ボート体験ダイビング

一般的に体験ダイビングはビーチで行うことが多いが、セブではボートでの体験コースも豊富。手軽にマクタン島周辺で1本潜るコースもあり(5000P／約2時間)。

MAP 付録P6B2 所要時間 4〜5時間
料1万P〜、2名から催行
ブルーコーラル
セブ・ホワイト・サンズ・リゾート&スパ(→P33)内 ☎032-263-2294
8〜17時 休なし
URL www.bluecoral.jp 日英

透明度抜群の海を大満喫

マリンアクティビティで遊びまくり!

マクタン島のリゾートエリアでは、ターコイズブルーの海を舞台にさまざまなマリンアクティビティを楽しめる。申し込みは各リゾートホテルのほか、右記の催行会社でも可能。

アクティビティの申し込みはこちら

マクタン島
Ⓐ アクアマリン・オーシャン・ツアーズ
Aquamarine Ocean Tours
MAP 付録P6B3
マクタン・セブ国際空港から車で約45分
Hadsan,The Beach Park,Lapu-Lapu City, Mactan Is. ☎ 0917-814-6988 ⊕8〜17時
なし
URL www.aquamarineoceantours.com

マクタン島
Ⓑ スコッティーズ・アクション・スポーツ・ネットワーク
Scotty's Action Sports Network
MAP 付録P6B2
マクタン・セブ国際空港から車で約35分 Ⓗシャングリ・ラ マクタン セブ (→P22) 内 ☎ 032-231-0288 ⊕8時〜16時30分 なし
URL jp.divescotty.com

Ⓐ Ⓑ
●パラセーリング

難易度 / 体力 / 予算 / 絶景度

3000P/15分〜(目安)

スピードボートに引かれて、20m以上の高さから周囲を一望。スリル感、浮遊感、爽快感を一度に味わえる。2人で体験することもできる。

体を固定してスタート!

上空から美しい海と島を見渡す↓

2人で一緒に乗れるので、爽快感やスリルを友達と共有できる

spectacular sky view!

ふわふわ空中散歩が気持ちいい〜

左:ロープにつかまってゆっくり散歩
下:メガネやコンタクトはしたままでOK

Ⓐ シーウォーク

難易度／体力／予算／絶景度

2500P/25分〜(目安)

ヘルメットをかぶって海底を散歩。ヘルメットには陸上から空気を送っている。顔や髪が濡れず、泳ぎが苦手な人も楽しめる。

魚たちが次々に寄ってくる!

海底を散歩する不思議な体験

Ⓐ シーカヤック

難易度／体力／予算／絶景度

700P/30分〜(目安)

エンジンを使わず、パドルだけで海面を滑るように進むエコアクティビティ。海面に近く、波とパドルを漕ぐ音に癒やされる。

まっすぐ進むには前後の役割分担が必須。呼吸を合わせて!

パドル使いをマスター!

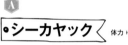

パドルの音に癒やされるエコ体験

Ⓐ Ⓑ バナナボート

難易度／体力／予算／絶景度

1000P/15分〜(目安)

グループで一緒に楽しめるのが魅力

バナナ型のゴムボートにまたがって、スピードボートに引っ張ってもらう定番アクティビティ。アグレッシブな操縦に耐え、最後まで落ちずに残れるか!?

仲間と一緒に爽快感を味わって

バランスとってハイ、ポーズ〜

Ⓐ シュノーケリング

難易度／体力／予算／絶景度

900P/30分(ビーチでの目安)

シュノーケリングなら、誰でも簡単に海の世界にアクセスできる。海面にプカプカと浮いているだけで、目の前をたくさんの魚が行きかい感激!

1:透明度の高い海では、海面からでもたくさんの魚が見られる
2:ボートでエダサンゴが見られるポイントへ

1

僕たちカクレクマノミにも会いにきてね!

サンゴの海で魚たちと泳ぐ

2

アジアとヨーロッパが出合うモザイクタウン

半日で回る！
セブ・シティ散策

フィリピン最古の都市セブ・シティは、歴史的建造物とビル群が混在する活気ある街。伝統建築巡りとショッピングを楽しめる、ツアー参加が効率的！

TOUR DATA

セブ・シティ・ツアー

広い範囲に点在する見どころを効率よく回れるツアー。フィリピン料理のレストランやショッピングセンターにも寄ってくれる。

所要時間 6時間。出発8時30分〜9時45分（ホテル送迎あり）働US$60（施設入場料、ランチ、送迎込み）、2名から催行 個PTNトラベル→P63

⏰ 9:00

8時30分〜9時45分にホテル出発

線香をお供え♪

車で30分

⏰ 10:15

マゼランが建てた巨大な十字架

マゼラン・クロス
Magellan's Cross

世界一周の航海中だったフェルディナンド・マゼランが、1521年にセブ島に上陸した際に建てたといわれる木製の十字架。八角堂に納められている。

MAP 付録P4B3 ⊗オスメニア・サークルから車で20分 ⊕Magalianes St. 働なし 働無料

上：八角堂の天井には、セブ王と臣下の洗礼シーンが描かれる
下：次々に観光客が訪れる

徒歩1分

⏰ 10:30

奇跡の聖像を祀るセブの守護教会

サント・ニーニョ教会
Santo Niño Church

1565年に創建。現在の教会は1740年に再建されたもの。マゼランがセブの女王に送ったサント・ニーニョ（幼きイエス・キリスト）像が納められている。

上：中央祭壇の後ろには聖人像が並ぶ
右：1月第3日曜には祭りが開かれる

Praying

⏰ 10:45

港を見下ろす、かつての軍事拠点

車で5分

サン・ペドロ要塞
Fort San Pedro

スペイン統治時代に建造されたフィリピン最古の要塞。二面を海に、一面を陸地に向けた三角形の構造になっている。1738年にサンゴ石を積んだ現在の姿になった。

MAP 付録P4B4 ⊗オスメニア・サークルから車で20分 ⊕Gen. D. MacAethur Blvd. ☎032-256-2284 働8〜23時 働博物館は日曜 働30P

上：中庭には大砲が残っている 左：米軍兵舎や日本軍の捕虜収容所としても使われた

車で5分

MAP 付録P4B3 ⊗オスメニア・サークルから車で20分 ⊕ Osmeña Blvd. ☎032-255-6697 働5時30分〜19時（金〜日曜は4〜20時）働なし 働無料

GOBBLE~

🕚11:15
セブ・シティの台所で人々の素顔にふれる

カルボン・マーケット
Carbon Market

セブ・シティで最も古く、規模の大きな市場。名称は木炭(カーボン)の行商が行われていたことに由来する。ツアーでは車窓からの見学。

MAP 付録P4A4 ⊗オスメニア・サークルから車で20分 ㊤Quezon Blvd. ㊐早朝～日没 ㊡なし

食品から、衣類や日用雑貨まで何でも売られている。

特に朝夕が賑やか!

Market!

←SMシーサイド・シティ・セブ

デルロサリオ通り

● セブ遺産記念碑

サント・ニーニョ教会
マゼラン・クロス ●
セブ・ペドロ要塞 ●
● カルボン・マーケット

車で5分

🕚11:30
セブ島の歴史を表現したモニュメント

セブ遺産記念碑
Heritage of Cebu Monument

セブ島を語るには欠かせない重要なできごとや歴史的な建造物をコンクリートで再現。マニラ出身の彫刻家が3年をかけて制作した。

MAP 付録P4B3 ⊗オスメニア・サークルから車で15分 ㊤Sakatuna St. ㊡なし ㊍無料

🕚11:45
フィリピン料理がズラリ

ランチタイム

たっぷりと史跡観光を楽しんだ後は、フィリピン料理を堪能。現地ツアーならお店選びも間違いなし♪地元でも人気の店に連れていってくれる。

車で5分

右:ココナッツミルクたっぷりのシチューのほか南国の食材を使ったフィリピンの伝統料理が並ぶ

上:マゼランと戦ったセブ島の英雄ラプラプの像 右:バリアン広場の中心に立つモニュメント

車で15分

上:ハロハロなどスイーツの店も充実 右:フィリピンブランドのファッションも

🕛12:45
物欲が刺激される

ショッピング

地元客で賑わうショッピングセンターでお買い物。スーパーマーケットも併設されているので、バラマキみやげも見つかる!

車で25分

GOAL

🕒15:00
ホテル到着

完熟の
トロピカル
フルーツも！

ダイナミックな夕日を船上で♡

サンセットクルーズで
ロマンチックTime

バンカーボートに乗って、マクタン島の海岸線を南下。
ワインを片手にサンセットを眺める、
優雅なクルーズツアーに参加しよう。
戻ってくる頃には空がきらめく星々でいっぱいに。

⟨ TOUR DATA ⟩

サンセットクルーズ

マクタン島の南部まで移動してサンセットを眺める優雅な
ツアー。マクタン島の東海岸に並ぶリゾートホテルを海から
眺められる。夕日はもちろん、星が輝く夜空も幻想的。
所要時間 4時間(船上は約2時間)
料 5880P(ワイン、ソフトドリンク、フルーツ、スナック、マクタン
島内の送迎込み)
問 スコッティーズ・アクション・スポーツ・ネットワーク→P38
日 英 予

🕐 18:00
夕日観賞

40分ほど南下した
ところでサンセット
タイム。沈みゆく夕
日を眺めながら、舳
先でくつろぐ幸せ♪

クルーズに参加してみました！

夕日に向かって走るボートの上で、ゆったり過ごす贅沢な時間。
サンセットの鮮烈な光に包まれる、特別な旅の思い出に。

船上での注意事項も
よく聞いてね！

🕐 16:00
ホテル
ピックアップ

マクタン島内は送迎
無料。順番にホテル
まで迎えにきてくれ
る。ホテルのロビー
での集合時間を確
認しておこう。

🕐 17:00
シャングリ・ラ
マクタン セブ
(→P22)の桟橋
より出発

即席の手すりをつたっ
てバンカーボートに乗
船。スタッフが手伝って
くれるので安心。

持ち物は
防水バッグへ！

夕日をバックに
優雅な時間を！

夕日が沈む前に、
まずはおいしいワインでカン
パーイ！ 気分が乗ってくる♪

鮮やかな
サンセット！

fantastic sunset!

空の色は鮮烈なオレンジから静かな青へと変化。デッキに座って風を感じながら眺めよう

⏰18:20

マジックアワーも見逃すな！

羽織るものが
あると安心♪

太陽が沈む直前のマ
ジックアワーもお見
逃しなく。空が暗くな
るにつれて星々がき
らびやかに輝き始め、
夜が訪れる

⏰19:00

桟橋に到着

帰りは桟橋まで
約1時間。星空の
下をゆっくりナイ
トクルーズ。

みんな晴れ男&
晴れ女♪

楽しいクルーズに
欠かせない陽気な
スタッフ

⏰20:00

ホテルへ

帰りもスタッフが順番に宿
泊ホテルまで送ってくれる。

ローカルかわいいvs高感度ブランド
個性派ショッピングセンター

セブのショッピングモールは、ローカル御用達だったり、
センスのよいブランドが集まっていたりと特徴がある。
スーパーやレストランなども併設されていて便利!

地元の人たちで
賑わってます!

セブ・シティ ショッピングモール
SMシティ・セブ
SM City Cebu

ここで見つからないものはないと言われるほ
ど、多彩なアイテムが揃うセブ・シティ中心部
の巨大ショッピングモール。地元で人気のカジ
ュアルブランドが充実している。

MAP 付録P4B2 ◎オスメニア・サークルから車で25分
⊕Juan Luna Ave., cor., Cabahug and Kaoshiung St., North
Reclamation Area, Cebu Port Center, Mabolo, Cebu City
☎032-231-0557 ㉒10～21時 ㉓なし 英

攻略ポイント!
フィリピン発のアパレル
ブランドが充実している
ので、自分みやげを探
すのがおすすめ。歩き
ながら気になった店に
入ってみよう。

ローカルブランドをCheck!

2階
ファッション
ベンチ
Bench

定番カジュアルブランド

フィリピン全土に140以上の店
を展開するファストファッション
ブランド。ビーチで活躍する水
着やサンダルもそろえる。
☎032-232-0732
㉒10～21時 ㉓なし 英

1:男性用シャツは女性
が羽織ってもいいデザ
イン1199.75P **2**:リ
ゾートホテルで活躍し
そうな、素足で履きた
いエスパドリーユ
499.75P

2階 Tシャツ
アート・ワーク
Art Work

ユニークなデザインT

グラフィックデザインやイラスト
が描かれたTシャツを扱うショッ
プ。ポーチなどの雑貨もセンス
がよく、おみやげにぴったり。
☎032-233-3633 ㉒10～21時
㉓なし 英

1:ルソン島北部のバナ
ウエの棚田モチーフの
Tシャツ369P **2**:付
属のフェルトワッペン
でカスタマイズできる
ポーチ169P799.75P

1:フロント全面
に施された刺繍
が印象的なノー
スリーブ1295P
2:綿混素材で
涼しげなショー
トパンツはリゾ
ートファッショ
ンにも1095P

2階
ファッション
バヨ Bayo

フィリピン女子の御用達

パステルカラーのアイテムが
多くそろうレディースファッ
ションブランド。大人も着られる
かわいいデザインが中心。
☎なし ㉒10～21時 ㉓なし
英

プチプラみやげを買うならこちら!

B1階 スーパーマーケット
SMスーパー・マーケット
SM Super Market

セブ島内にも多くの店舗をもつスーパー。
ドライマンゴーやお菓子、スパイスなどを
買える。石けんやコスメアイテムも豊富。
☎なし ㉒10～21時 ㉓なし 英

4階には
ガーデンも♪

攻略ポイント!
館内はとても広いので、コンシェルジュデスクや館内マップを活用して効率よく回ること。南国らしいハイセンスなおみやげを探そう。

セブ・シティ　ショッピングモール

アヤラ・センター・セブ
Ayala Center Cebu

吹き抜けが開放的な、4階建ての巨大モール。ハイセンスブランドが多く集まるほか、デパート、映画館までさまざまな施設がそろい、一日中いても飽きない。

MAP 付録P4B2 ⊗オスメニア・サークルから車で25分 ⊕Cardinal Rosales Ave., Cebu City ☎032-888-3777 ⊛10～21時(金～日曜は～22時) ⑭なし 溪

南国デザインを探そう

1

2

3階　食品・コスメ

ヘルシー・オプション
Healthy Options

ヘルシー志向のオーガニック商品

野菜やドリンク、コーヒーなどのオーガニック商品をそろえた店。ハンドクリームやサプリなども充実しており、個性的なみやげ探しにぴったり。
☎032-233-5510 ⊛10～21時(金～日曜は～22時) ⑭なし 溪

1：ココナッツオイルを配合したリップクリーム165P　**2**：オーキッドの香りが漂う、ネイチャーズゲートのハンドクリーム275P

2階　書店

ナショナル・ブック・ストア
National Book Store

ユニークな文具は自分にも

フィリピン全域にある書店だが、雑貨や文房具も豊富。こちらの店では売り場の半分が文房具売り場になっている。カラフル文具をゲット!
☎032-231-4006 ⊛10～21時(金～日曜は～22時) ⑭なし 溪

1：カラフルなノート99P(左)、14.75P(右)　**2**：格安マスキングテープ7.75P

1

1

2

2階　ファッション

カバナ Cabana

**華やかな
リゾートウェアを探して**

カラフルな水着のほか、カゴバッグやハット、サンダルなどリゾートホテルで活躍しそうなアイテムが充実。水着の上に羽織れるワンピースも見つかる。
☎0915-560-5301 ⊛10～21時(金～土曜は～22時) ⑭なし 溪

1

2

1：ヤシの葉を編んで作った、つばの広いハット995P　**2**：南洋植物をモチーフにしたリゾートにぴったりのワンピース1850P

ショッピングに疲れたらこちら!

4階　フィリピン料理

ゴールデン・カウリ・フィリピーノ・キッチン
Golden Cowrie Filipino Kitchen

カジュアルなフィリピン料理レストラン。100～200Pで本場の味を楽しめる。デザートも豊富なのでカフェ利用にもぴったり。☎032-233-4243 ⊛11～14時、17時～20時30分 ⑭なし 溪

※掲載の商品情報は2023年4月現在のものです。

ばらまきにも、大切な人へのプレゼントにも♡
フィリピンメイドの雑貨ハンティング♪

リーズナブルな小物はもちろん、おしゃれなデザイン雑貨も充実。
フィリピンらしい南国感のある素材や色合い、デザインに注目して選ぼう。
※掲載の商品情報は2023年4月現在のものです。

フィリピンらしいアイテムを！

セブ・シティ 雑貨
クルトゥラ
Kultura

フィリピンみやげの定番ショップ

アバカやパンダンを使った工芸品をはじめ、
オーガニックコスメやお菓子、Tシャツなど
フィリピンメイドのアイテムが豊富にそろう。
素材のよさを生かした商品に注目！
MAP 付録P4B2 ⊗オスメニア・サークルから車で
15分 ⊕SMシティ・セブ2階→P44 ☎032-236-
1083 ⊛10～21時 ⊛なし 廛

ピクニックにぴったり♪

399P

エスニックデザインがおしゃれなトートバッグ

2499.75P

パンダンの葉とヤシの織維を編んだカゴバッグ

249P

ブリというヤシの仲間の繊維を編んだポーチ。中に小さいポケット付き

209P

肌にはもちろん、料理にも使えるバージン・ココナッツ・オイル

249P

アバカ（マニラ麻）を使ったサンダル。裏面はラバー素材

香りも爽やか～

SMOOTH

119.75P

アロエベラのエキスを配合し、潤いを保つシャンプー用石けん

549P

ミンダナオ島に伝わるティナラック織りのフォトフレーム

// EXCELLENT!!

ニトと呼ばれる植物のつるを編み込んだ、ボックス入りコースター

コースターは6枚入り！

499.75P

【セブ・シティ】【ファッション・雑貨】

アントヒル・ファブリック・ギャラリー
Anthill Fabric Gallery

ハイセンスなファッション雑貨

フィリピンの少数民族が織るファブリックを使い、モダンな服や小物を生み出す。ワンピースやジャケットなどのほか、キャップやバッグ、アクセサリーといった小物も充実。

MAP 付録P4B2 ⊗オスメニア・サークルから車で8分 ⊕Pedro Calomarde St., Corner Acacia St., Gorordo Ave., Lahug, Cebu City ☎032-505-4175 働9～18時 働日曜 英

999P

エスニックテイスト♪

3999P

スタイリッシュに着こなしたいコットン100%のスカーフ

デニムと相性がよさそうなグリーンベースのキャミソールワンピ

カジュアルなパーティーで目立ちそうな蝶ネクタイ

649P

FASHIONABLE

1499P

699P

リバーシブルのハットはファッションのアクセントに!

おしゃれ度アップ!

アバカの繊維を使った個性的な名刺入れ。カラーバリエあり

【セブ・シティ】【ファッション・雑貨】

アイランド・スーベニア
Island Souvenirs

Tシャツのバリエーションが豊富

セブ島をはじめ各地に店舗をもつご当地Tシャツショップ。店内の棚やラックには、多彩なデザインのTシャツが飾られギャラリーのよう。キーホルダーなど雑貨も見つかる。

MAP 付録P4B2 ⊗オスメニア・サークルから車で15分 ⊕アヤラ・センター・セブ2階→P45 ☎032-231-2581 働10～21時 (金～日曜は～22時) 働なし 英

479.75P

449P

セブの名物・名所をかわいいイラストで表現

サイケデリック!

ジンベエザメをあしらったタイダイのキッズTシャツ

299.75P

ちょっとしたお出かけに重宝するナップサック

CUTE!

100P

木製ジプニーが付いたかわいいキーホルダー

129.75P

気軽に配れるお値段☆

セブ島はギターやウクレレの生産地としても有名

意外な掘り出し物があるかも！

スーパーでプチプラみやげをゲット！

リーズナブルにフィリピンらしいおみやげを探すなら、スーパーマーケットへ行ってみよう。
食料品や日用品の買い物をする、地元の人たちの姿も見られる。

ローカルスナック

ほのかに甘い
おやつ

定番！

オタップ 99.50P	クラッカーナッツ 21.50P	ココナッツ・チップス 149P	バナナチップス 39.75P	タマゴ入りクッキー 57P
セブ島名物のパイ。サクサクとした食感が魅力	ピーナッツをおかきで包んだ、懐かしスナック	ココナッツシュガー入り、グルテンフリーのチップス	ジョビーズのバナナチップスは地元でも大人気	安心して食べられる、素朴な味わいのクッキー

ドライフルーツ

小分けが
嬉しい♪

定番！

ドライマンゴー 43.95P	ドライグリーンマンゴー 100.95P	ドライマンゴー＆パイナップル 84.50P	ココマンゴー・ボール 57.75P	ドライマンゴー・タマリンドボール 54.95P
化学物質をなるべく使わないドライマンゴー	酸味が上品なグリーンマンゴーのドライフルーツ	日本でも知名度の高い7D。2種類をミックス	ココナッツミルクとマンゴーをミックスした団子	甘酸っぱいタマリンド風味のドライマンゴー

プチプラコスメ

全身に
使える！

定番！

鎮痛クリーム 99.75P	ブリーチングソープ 100P	消毒液 59.75P	スキンクリーム 66.75P
柑橘系の匂いが漂う、100％オーガニックの鎮痛クリーム	美白命のフィリピン女性が愛用するオーガニック石けん	旅先でも1本持っていると重宝するスプレー式のサニタイザー	パパイヤエキスを配合し、美白効果も期待できる!?

reasonable!!

個性派ドリンク

タブレットは10粒入り！

定番！

ジンジャーティー 84P	グヤバノティー 105P	ココアタブレット 139.50P	シエテ・バラコス・コーヒー 149.5P
体を内側から温めてくれるジンジャーティー	健康食品、グヤバノ茶のティーバッグ	水やミルクに溶かすだけでココアが完成！	バタンガス産のコーヒーは苦味が特徴

フィリピンビール

ほどよく濃厚で飲みやすい

定番！

ブルー・ケトル 57.50P	サンミゲル・スーパードライ 65P	サンミゲル・セルベッサ・ネグラ 65P
麦芽が香るベルジャンホワイトタイプのクラフトビール	フィリピンでは絶大な人気を誇る。キレのあるのど越し	黒ビールタイプのサンミゲル。苦味を抑えたまろやかな口当たり

調味料＆スパイス

フィリピンの伝統料理♪

定番！

グレービーソース 21.7P	カレーパウダー 39.50P	シニガンの素 26P	ガーリックビッツ 190P
人気ファストフード、ジョリビーでも使われる濃厚ソース	ピーナッツソースをミックスしたカレースープの素	タマリンドの酸味がきいたシニガンスープを家庭でも！	刻んだニンニクにトウガラシを絡め、料理のアクセントに最適！

Ⓐ 〔マンダウエ〕 セーブモア
Savemore

セブ市民御用達のスーパー

シューマートやパークモールに入っているスーパー。定番のお菓子やスパイスはもちろん、おみやげコーナーもある。
MAP 付録P5C2 Ⓧオスメニア・サークルから車で20分 ⓗOuano Ave., Mandaue Reclamation Area,Mandaue City ☎032-236-3106 ⓗ9〜21時 ⓗなし Ⓧ

Ⓑ 〔セブ・シティ〕 ルスタンス
Rustan's

ハイセンスな品ぞろえ

高級感のあるアイテムが並び、現地在住の外国人が訪れる。
MAP 付録P4B2 Ⓧオスメニア・サークルから車で16分 ⓗアヤラ・センター・セブ地下1階 → P45 ☎032-262-0680 ⓗ9〜21時 ⓗなし Ⓧ

Ⓒ 〔マンダウエ〕 メトロ・スーパーマーケット
Metro Supermarket

日本の食材も扱うスーパー

マンダウエにあり、ラーメンや調味料など日本の食材も並ぶ。
MAP 付録P5C1 Ⓧオスメニア・サークルから車で15分 ⓗA.S.Fortuna Corner H. Cortes St., Banilad, Mandaue City ☎032-564-3165 ⓗ8〜21時 ⓗなし Ⓧ

海に突き出した
カップルシート♡

絶景と料理に酔いしれたい

オーシャンビューレストランで
ご褒美ディナー

海を眺めながら食事ができるレストランで贅沢な時間を過ごそう。空が茜色に染まる夕方から、
ゆっくりとディナーを楽しんで。潮風が心地よいシーサイドのテーブルは予約を！

潮風に包まれてとっておきの時間を♡

特等席！
堤防先にある1組専用
の席はプライベート感た
っぷり。予約必須！

1

マクタン島 シーフード

コウリー・コーブ・
シーフード・バー＆グリル

Cowrie Cove Seafood Bar&Grill

キャンドルの明かりに照らされたロマンティ
ックな空間で、新鮮なシーフードを堪能で
きるレストラン。海に突き出すように造られ
たテラスは、波の音をBGMに食事を楽し
める。スタイリッシュなバーも併設。
MAP 付録P6B2 ⊗マクタン・セブ国際空港
から車で20分 ⊕H シャングリ・ラ マクタン
セブ（→P22）内 ☎032-231-0288 ⑤18～
22時 ㉻なし ⊗ ⬜ ㊛ ㊷

2

3

1：レストランから100mほど離れた場所
にある1組専用シート　2：シーフードを
中心としたメニューは季節によって変わ
る。ツナステーキ800P（200g）など
3：屋内にテーブルが並ぶほかテラス席も

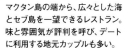
テーブル席のほか、カウンター席の雰囲気もいい

【マクタン島】【シーフード】

マリーナ・シービュー
Marina Seaview

マクタン島の端から、広々とした海とセブ島を一望できるレストラン。味と雰囲気が評判を呼び、デートに利用する地元カップルも多い。

MAP 付録P6A2 ⊗マクタン・セブ国際空港から車で13分 ⊕MEPZ1, Ibo, Lapu-Lapu City（Beside Cebu Yacht Club）☎032-263-1220 ⊕11〜22時 ㉺なし ⊜⊠⑦

特等席！
オープンエアのテラスのなかでも、マリーナサイドの席がおすすめ。

↘真っ白なヨットが連なるマリーナビュー

【マクタン島】【フィリピン料理】

青空シーサイド・レストラン
Aozora Seaside Restaurant

開放感のある店内のほか屋外にもテーブルが点在し、目の前に広がる海をたっぷり満喫できる。ローカルシェフが作るフィリピン料理に加え和食も。

MAP 付録P6B2 ⊗マクタン・セブ国際空港から車で20分 ⊕青空シーサイド・マクタン（→P32）内 ☎032-564-2171 ⊕7時30分〜21時（月曜は〜11時）㉺なし ⊜⊠⑦

↖テラスから海を眺める

特等席！
涼しくなる夕方は、屋外に点在するテーブルでの食事も気持ちいい。

天井が高く広々とした店

【セブ・シティ】【フィリピン料理】

ランタウ・シーフード＆グリル
Lantaw Seafood & Grill

セブ島から橋で渡れる人工島に造られたレストラン。ローカルにも人気のランタウ系列で、定番のフィリピン料理を味わえる。バーベキュー席では魚介のグリルを。

SPRというセブ・シティの西に浮かぶ人工島にある

MAP 付録P4A4 ⊗オスメニア・サークルから車で35分 ⊕21 President Aguinald St., Cebu City ☎032-512-7745 ⊕17〜23時 ㉺なし ⊠⑦

特等席！
晴れた日はマクタン島からボホール島まで見渡せるシーサイド席へ。

↖セブ島から周辺の島々を見渡す

【マクタン島】【フィリピン料理】

パロラ・シービュー・レストラン
Parola Seaview Restaurant

漁船が停泊するコルドバ地区の港に立つ絶景レストラン。昼は真っ青な海を、夕方は鮮やかなサンセットを眺めながら郷土料理を味わえる。

特等席！
外は直射日光が当たるので、屋根で日陰になった内側のテーブルが快適！

灯台を意味する店名どおり、横には灯台が立つ

MAP 付録P6B4 ⊗マクタン・セブ国際空港から車で37分 ⊕Roro Port Cordova, Cordova ☎0947-990-8561 ⊕11〜22時（L.O.20時45分）※金〜日曜は10時〜 ㉺なし ⊠⑦

↘漁船が行き交う素朴な風景

具材のだしを吸い込んだもちもちの旨味焼きそば

// YUM-YUM! //

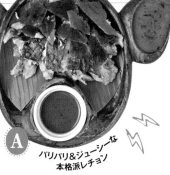

カルカル・レチョン
275P(1/4kg)

じっくりグリルした豚肉は、パリパリの皮と肉汁があふれ出す身を、余すことなく味わいたい。

Ⓐ

パリパリ&ジューシーな本格派レチョン

多彩な食材を使った甘・辛・酸のコラボレーション

フィリピンの
ローカル料理に舌鼓！

フィリピン料理は甘めの味付けが特徴。
そこに辛味と酸味が加わり、奥の深い味わいをみせる。
鶏肉や豚肉を使った料理が多いが、
海に囲まれたセブ島ではシーフードも絶品！

Ⓐ

バムアイ・ビサヤ
230P

パンシットと呼ばれるフィリピン風の焼きそば。魚介や肉、野菜など具だくさんな定番メニュー。

Ⓐ セブ・シティ

ハウス・オブ・レチョン
House of Lechon

豪快！ 豚の丸焼き専門店
レチョンとは豚を丸ごと炭火焼きにした、お祝い事に欠かせない料理。キッチンはガラス張りで、豚の調理風景を見られる。MAP付録P4B2 ⊗オスメニア・サークルから車で12分 ⊕Acacia St. Kamputhaw, Cebu City ☎0916-662-0163 ⊛10〜21時 ⊛なし 英 要

Ⓑ マンダウエ

チョビ・チョビ
Choobi Choobi

新鮮なエビをスナック感覚で
カジュアルなフィリピン料理店。袋入りのボイルしたエビが名物メニュー。MAP付録P4B2 ⊗オスメニア・サークルから車で15分 ⊕168 Ouano Ave., Parkmall, Mandaue Reclamation Area, Mandaue City ☎0917-329-3684 ⊛11〜14時.17時30分〜22時30分 ⊛なし 英 要

Ⓒ マンダウエ

オイスター・ベイ・シーフード・レストラン
Oyster Bay Seafood Restaurant

セブ島の海鮮を好みの味で
ロブスターやマッドクラブなど高級食材を味わえる島を代表するシーフードレストラン。MAP付録P5D1 ⊗オスメニア・サークルから車で25分 ⊕Bridges Town Square, Plaridel St., Alang-alang, Mandaue City ☎0956-506-2983 ⊛11〜15時、18〜22時 ⊛なし 英 要

Ⓓ カレカレ 569P
肉や野菜をピーナッツソースで煮込んだパンパンガ州の料理。バゴーンというエビの発酵調味料と食べる。

ピーナッツバターの香りが食欲をそそるね

チキン・シシグ 309P
シシグは豚の頬肉や内臓を使うのが一般的だが、鶏肉や鶏皮で作ったシシグもあっさりしていて美味♪

ビールとの相性抜群なジャンキーな一品

Ⓓ

E チキン・パンダン 315P
日本人の口にも合う フィリピン風の唐揚げ

甘辛く味付けした鶏肉をパンダンリーフで包み揚げる。フィリピン人も日本人も大好きなメニュー。

ガーリックバターが、シンプルなカニの味を引き立てる

C ガーリックバター・クラブ 1750P(2500P/1kg)

マッドクラブを丸ごと蒸して、ガーリックバターで味付け。ぷりぷりした身はクリーミーで、ほのかに甘味がただよう。

【現地定番のファストフード】

ジョリビーでフィリピーノランチ！

ハンバーガーにもチャレンジ♪

ハチのマスコットが目印の国民的ファストフード。ビジネスパーソンの定番ランチは、フライドチキンとライスのコンボ、チキンジョイ89P。

【マンダウエ】
ジョリビー・パーク・モール店
Jollibee Park Mall

MAP 付録P5C2 ⊗オスメニア・サークルから車で25分 ⊕Park Mall, Ouano Ave., Tipolo, Mandaue City ☎032-520-7604 ⊕10～21時間 ⊛なし 夏英

1 2
2

1：フィリピン全土に店舗を展開 2：甘めのグレービーソースが特徴のチキンジョイ 3：スパゲッティ55Pも

暑い日は酸味のきいた国民的スープを！

D 【セブ・シティ】
クヤ・ジェイ・レストラン
Kuya J Restaurant

地元で人気のカジュアル店
昼から夜までフィリピン人で賑わうレストラン。定番のフィリピン料理がどれもおいしいと評判。デザートのハロハロが名物！
MAP 付録P4B2 ⊗オスメニア・サークルから車で25分 ⊕SMシティ・セブ2階→P44 ☎032-266-8600 ⊕10～21時（金～土曜は～22時）⊛なし 英英

E 【セブ・シティ】
カフェ・ラグーナ
Café Laguna

評判のモダンフィリピーノ
定番からマニアックまで、さまざまなフィリピン料理を味わえる店。ショッピングセンター内にあるので初フィリピンでも安心。MAP 付録P4B2 ⊗オスメニア・サークルから車で25分 ⊕アヤラ・センター・セブ1階→P45 ☎032-231-0922 ⊕10～22時 ⊛なし 英英

F 【セブ・シティ】
チカアン・サ・セブ
Chika-An Sa Cebu

フィリピンの家庭料理を
フィリピンの食卓を彩る家庭料理から伝統料理まで、何でもそろうカジュアルレストラン。モダンにアレンジされており食べやすい。MAP 付録P4B1 ⊗オスメニア・サークルから車で20分 ⊕42 Sailnas Dr., Cebu City ☎032-231-0922 ⊕10～21時 ⊛なし 英予

F シュリンプ・シニガン 255P

タマリンドの酸味が特徴的なフィリピンを代表する料理。ボイルした大ぶりのエビとの相性は抜群。

シュリンプ・イン・ザ・バッグ 375P (1pound)

袋にボイルされたエビが10～15尾入った人気メニュー。味はバター・ガーリックかスパイシー。

C フィリピン随一の高級魚は深みのある味わい

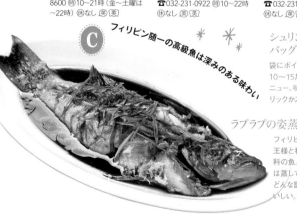

ラプラプの姿蒸し 1065P

フィリピンでは魚の王様と称されるハタ科の魚。上品な白身は蒸しても揚げても、どんな調理法でもおいしい。

B

何尾でもいけちゃうプリプリのエビ

おいしい食事と
雰囲気が最高!

店内のインテリアにも注目!
おしゃれなデザインカフェで朝食を

今セブ島に増えているのが、居心地のよさにこだわったデザインカフェ。
おいしい朝ご飯を食べたり、街歩きの途中にひと休みしたり、くつろぎのひとときをどうぞ♪

壁にかかった
写真や絵画も味わって!

くつろぎポイント!
店内は活気にあふれて
いるが、開放感のある
吹き抜けで落ち着ける。

セブ・シティ　カフェ

アバカ・ベイキング・カンパニー
Abacá Baking Company

ホームメイドのもっちりブレッドが大人気

評判のレストランをプロデュース
するアバカグループのベーカリー
カフェ。店内には焼き立てのパン
の香りが漂う。席は1、2階にある
が、ショーケースのタルトなどは
テイクアウトもできる。

MAP 付録P4B1 ⊗オスメニア・サ
ークルから車で16分 ⊕Crossroad,
Banilad Rd., Cebu City
☎032-262-0969 ⊛7～20時
⊛なし ⊛英 ⊛

2　3

4

1:一番人気のABC
スキレット・ブレッ
クファスト495P
(手前)　**2**:1階と
2階にテーブルが
並ぶ　**3**:華やかな
ショーケース
4:フレッシュフル
ーツのバターミル
ク・ワッフル395P

セブ・シティ カフェ

アントニーズ・カフェ
Anthoney's Café

満足度の高い8種類の朝食メニューを用意

閑静な住宅街にたたずむシックなカフェ。食事がおいしいと評判で、特に一日中オーダーできる朝食メニューが充実。巨大ソーセージを添えたフィリピンスタイルの朝食を試してみて。テイクアウトも人気。

MAP 付録P4B2 ⊗オスメニア・サークルから車で12分 ⊕165 BKY Homes, Pres. Quezon, Cebu City ☎0927-223-7325 ⊕7~21時 ⊛なし 英 英

くつろぎポイント！
繁華街から離れた静かな立地。店内ものどかな雰囲気で落ち着ける

1：バナナパンケーキ220Pやスモア100Pなどスイーツも
2：地元客でいっぱい
3：肉満載のビッグ・ブレックファスト380P（手前）

セブ・シティ カフェ

バードシード・ブレックファスト・クラブ＋カフェ
Birdseed Breakfast Club＋Cafe

名物のパンケーキはボリュームたっぷり♪

大きな窓から光が差し込む爽やかなカフェ。毎朝用意する焼き立てパンは、夕方になると種類が減るのでお早めに。華やかなメニューを楽しんで。

MAP 付録P4A2 ⊗オスメニア・サークルから車で10分 ⊕F19, Axis Entertainment Av.,Escario St., Cebu City ☎032-254-9463 ⊕7時30分~20時 ⊛なし 英 英

くつろぎポイント！
大きめの窓を配した店内は、日差しが入りとっても明るい。

店内はカジュアルな雰囲気。人気はホームメイド・バターミルク・パンケーキ300P

セブ・シティ カフェ

カフェ・サリー
Café Sarree

食事メニューも充実したカジュアルカフェ

地元の新聞でベスト・ブレックファスト・レストランに選ばれたこともあるカフェ。エントランスが吹き抜けの明るい店内は、過ごしやすさ抜群。フィリピン料理も食べられる。

MAP 付録P4A2 ⊗オスメニア・サークルから車で8分 ⊕9, Escario Central, N Escario St., Cebu City ☎032-254-5992 ⊕7~22時 ⊛なし 英 英

座席は1階と2階。ひと休みにはフルーツたっぷりのパンケーキ280Pを

くつろぎポイント！
プライベート感のある2階席はのんびり過ごすのにぴったり！

セブ・シティ カフェ

タイトロープ・コーヒー
Tightrope Coffee

心安らぐ空間で香り豊かなコーヒーを

黒いカウンターが印象的なスタイリッシュな空間。オーダーを受けてから豆を挽き、ハンドドリップするこだわりのコーヒーが人気だ。食事やスイーツも好評。

MAP 付録P4B2 ⊗オスメニア・サークルから車で12分 ⊕Pres. Quezon St., Cebu City ☎032-346-9617 ⊕9~18時 ⊛なし 英 英

くつろぎポイント！
カウンターや長いテーブル、ソファなど居心地のいい場所を探して

名物はランチにもよさそうなタイトロープ・ブレックファスト420P

カラマンシーの
爽やかジュース

心と身体のバランスを整える
贅沢! 癒やしのホテルスパ

上質なリゾートホテルの休日には、喧噪から離れて過ごすスパでの時間が欠かせない。
ラグジュアリーな設備が整った非日常の空間で、究極のヒーリング体験を。

マクタン島
CHIスパ
Chi Spa

地上の楽園「シャングリ・ラ」に
インスピレーションを受けた
スパヴィレッジに、プライベー
トパティオを備えた14室のト
リートメントルームが点在。中
国に伝わる癒やしの哲学を取
り入れ、生命力の源となる
「氣」の流れをスムーズに促す
メニューを用意している。

MAP 付録P6B2 ⊗マクタン・セ
ブ国際空港から車で20分
⊕ Ⓗシャングリ・ラマクタン
セブ(→P22)内
☎032-231-0288 ⊛9~21時
⊛なし ⊛ 百 ⊛ ⊛

広大なスパヴィレッジで
心と身体を解き放つ至福のとき

温かいオイルに浸した
バナナの葉を肌にのせ、
体内のバランスを整える

*healing &
relax time*

上:スパ・ヴィラは
シングルが8室、カッ
プル用で6室
左:高級感のある
レセプションでは
スタッフが笑顔で
出迎えてくれる

〜 おすすめ 〜
トリートメント

フィリピン・ヒロット
Philippine Hilot

60分 2800P〜

フィリピンに伝わるヒロットマ
ッサージをベースに、ココナッ
ツオイルやバナナの葉を使っ
て全身の筋肉を揉みほぐす。

小川のせせらぎが耳に心地よい
極上のリラクゼーション施設

マクタン島

モガンボ・スプリングス
Mogambo Springs

日本風の庭園に面したスパ施設
は、滝つぼプールや温水ジャク
ジーを完備したプライベート空
間。オリジナルメニューも充実。

MAP付録P6B3 ⊗マクタン・セブ国
際空港から車で35分 H プラン
テーション・ベイ・リゾート&スパ(→
P26)内 ☎032-505-9800 働10〜
22時 働なし 直 医 子

♪ おすすめ
トリートメント

アロマティック・トランキリティ
Aromatic Tranquility

120分 6200P

プールに浸かった状態で頭
や肩、腕をマッサージし、ボ
ディスクラブやオイルマッサ
ージで仕上げる。

1:洞窟のような内装のスイートルーム　2:花とオイルの香りに癒やされ
るフラワーバス　3:天井が高くゆっ
たりくつろげるトリートメントルーム

マクタン島

カラ・スパ
Cara Spa

モダンなインテリアで統一された
居心地のよいスパ。人気のヒロット
をはじめ、日焼けした肌へのトリー
トメントやスクラブ、フェイシャルな
ど、10種類以上のメニューを用意。

MAP付録P6B3 ⊗マクタン・セブ国
際空港から車で25分 H Jパーク・
アイランド・リゾート&ウォーターパーク
(→P29)内 ☎0917-720-1004
働10〜23時 働なし 医 直 医 子

♪ おすすめ
トリートメント

アフター・サン・ボディ・
トリートメント
After Sun Body Treatment

70分 2900P

南国の紫外線を浴びた肌のトリ
ートメントケア。アロマオイルの
マッサージで肌を滑らかに。

1:アロマが漂う空間　2:トレーニングを
積んだ熟練のセラピストが施術を行う
3:柔らかな照明に包まれリラックス
4:アジアンテイストのインテリア

柔らかな光に包まれた
ラグジュアリースパ

爽やかな自然光に満ちた
スタイリッシュなスパルーム

マクタン島

アムマ・スパ
Amuma Spa

階段を上った2階に5つのトリー
トメントルームが並ぶほか、開放
的な屋外でのマッサージも可。
オイルマッサージは4種類の中
から好みの香りを選べる。

MAP付録P6B2 ⊗マクタン・セブ
国際空港から車で25分 H ブ
ルーウォーター・マリバゴ・ビーチ・
リゾート(→P32)内 ☎032-263-
4410 働10〜21時(土・日曜は〜22
時)働なし 医 医 子

♪ おすすめ
トリートメント

アムマ・シグネチャー・ヒロット
Amuma Signature Hilot

90分 3900P

バナナの葉を使ったフィリピン
伝統のマッサージ。体のバラン
スを整え体内の活性化を促す。

1:ジャクジー付きのカップルルーム
2:イランイランやレモングラスなどのオイ
ルを用意　3:居心地のいい休憩スペース

≫ 独自のメソッドで癒やされよう ≪ セブで体験したいトリートメントメニュー

ヒロット Hilot	バンブー・マッサージ Bamboo Massage	ハーバル・マッサージ Herbal Massage	ホット・ストーン・マッサージ Hot Stone Massage
古くから受け継がれてきた伝統療法。オイルを使い、力強く速い手技で全身を揉みほぐす。	温めた竹を使うマッサージ。筋肉の緊張をやわらげ老廃物を押し流すことで健康体を取り戻す。	香草を詰めたハーブ・ボールを蒸し、押し当てて体に浸透させる。ハーブの香りに癒やされる。	玄武岩などを温め、オイルを使って滑らせるようなマッサージ。血行促進や代謝向上に効果的。

天然素材を使った
オイルやスクラブ♪

居心地のよい雰囲気が魅力

こだわりの街スパめぐり

ホテルスパに比べると高級感は控えめな街スパだが、こだわりあるメニューと
気取らない雰囲気は観光客にとって利用価値大。もちろん施術テクニックはハイレベル！

マクタン島

フア・スパ&ヴィラ
Hua Spa & Villas

植物が茂る庭にトリートメントルームが点在。人気のスパ・パッケージはストーン、バンブー、ハーバルの3種類。それぞれフットスパ、ボディスクラブ、フラワーバスなどが含まれる。

MAP 付録P6B2
⊗マクタン・セブ国際空港から車で25分
⊕M.L.Quezon National Highway, Maribago, Lapu-Lapu City, Mactan Is. ☎ 032-520-8040 ⊕10〜23時 ⊛なし 英 菜 ア

ここがこだわり！
フィリピン伝統のトリートメントメニューを用意。

左上：ジャクジーを備えたヴィラ。予約をすればマッサージのみでも利用可　右上：生命感あふれる緑に覆われたトリートメントルームは、プライベート感たっぷり

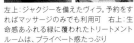
おすすめ
トリートメント

バンブー・マッサージ
Bamboo Massage

60分／5470P〜

ミネラル豊富な竹を温めてマッサージ。セルライト除去やデトックス効果が期待できる。

幸福感を追求する
熟練の技

竹を滑らせるようにしてマッサージ。圧を加えながら凝りをほぐす

マッサージのチェーン店もおすすめ！　╲チップは1時間50Pくらい！╱

マクタン島

ヌアッタイ Nuat Thai

在住日本人も通ってます

セブ島を中心に各地に支店をもつ格安マッサージ店。人気はホット・ストーンマッサージ550P（1時間30分）とホット・オイルマッサージ350P（1時間）。MAP 付録P6B2 ⊗マクタン・セブ国際空港から車で17分 ⊕Sebastien Hotel, M.L.Quezon National Highway, Lapu-Lapu City, Mactan Is. ☎0960-865-0876 ⊕13時〜22時30分 ⊛なし 英 菜 ア

セブ・シティ

タイ・ボラン Thai Boran

疲れた体にタイ古式！

セブ島ではいたるところで見かけるチェーン店。自慢のタイマッサージは200P（1時間）、スウェディッシュ・マッサージは250P（1時間）。MAP 付録P5C1 ⊗オスメニア・サークルから車で27分 ⊕M.C. Briones St., 2nd Floor above Chowking in Fortune Square Bldg., Mandaue City ☎032-420-3880 ⊕24時間 ⊛なし 英 菜 ア カ

ノア・ストーン＆スパ・リゾート
Noah Stone & Spa Resort

マクタン島

マクタン島で最初にストーン・マッサージを導入したスパ。温めた玄武岩で体を芯まで温め血行を促進させる。お得なコースは3種類あり、すべてにストーン・マッサージが含まれる。

MAP 付録P6B2 ⊗マクタン・セブ国際空港から車で20分 ⊕Abuno St., Pajac Lapu-Lapu City, Mactan Is. ☎032-495-3144 ⊕10〜22時 ⊛なし 英 薬 予

🍃 おすすめ トリートメント 🍃

Cコース（スパ・パッケージ）
C-Course／Spa Package
150分／US$120

ストーン・マッサージのほか、フェイシャルやバナナラップ、ホットバスなどが受けられる。

1：玄武岩の熱がじんわりと全身を温めていく　2：静かな音楽に包まれて、フローラルバスでリラックス　3：20室あるトリートメントルームは、センスのよいアジアンテイスト

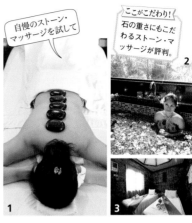

自慢のストーン・マッサージを試して

ここがこだわり！
石の重さにもこだわるストーン・マッサージが評判。

1

2

3

アルニカ・スパ
Arnika Spa

マクタン島

緑鮮やかな庭にある施術ルームは、ヤシ葺き屋根の伝統的なデザイン。オーガニック素材のオイルやスクラブを使った施術が自慢。5種類のスパ・パッケージ3800P〜がお得。

MAP 付録P6B2 ⊗マクタン・セブ国際空港から車で25分 ⊕Datag, Maribago, Lapu-Lapu City, Mactan Is. ☎032-495-7187 ⊕9〜21時 ⊛なし 百 英 母 英 予

🍃 おすすめ トリートメント 🍃

アルニカ・ブリス Arnika Bliss
180分／6300P〜

フラワーバスや全身マッサージ、フェイシャル、バナナラップなどを含む人気No.1のメニュー。

オーガニック素材で全身のデトックス

ここがこだわり！
自然素材で作ったパックやスクラブ、オイルなどを使用。

1：広々としたヴィラを7棟用意　2：コーヒーや黒砂糖でスクラブしてからココナッツの果肉をまぶし、仕上げにバナナリーフでラップ　3：バナナの葉で潤いを

1

2

3

エコ・スパ
Eco Spa

マクタン島

東南アジアの寺院を思わせるオリエンタルな雰囲気のスパ。花咲くガーデンに並ぶ4棟のヴィラのほか、13室のトリートメントルームも用意。

MAP 付録P6B2 ⊗マクタン・セブ国際空港から車で25分 ⊕Bagong Silingan Mactan, Lapu-Lapu City, Mactan Is. ☎0956-156-1448 ⊕9〜22時 ⊛なし 英 予

🍃 おすすめ トリートメント 🍃

ハーバルマッサージ
Herbal Massage
120分／2000P

ハーブの葉や茎を包み蒸したハーブ・ボールでマッサージ。血行促進やリラックス効果が。

1：温かいハーブ・ボールからハーブの成分が肌の奥へ浸透していく　2：貝殻を使ったマッサージもある　3：きれいに手入れされた庭にトリートメントルームが並ぶ

ここがこだわり！
レストランも併設し、体の中からバランスを整える。

自然に包まれたナチュラルスパ

1

2

3

セブの夜は、バーでカンパイ♪

雰囲気自慢のバーで夜更かし

常夏のセブは暑さが和らぐ夜も賑やか。リゾートホテルのスタイリッシュなバーや、地元の人たちが集まるヒップなバーで大人のナイトライフを。

ウォッカベースのトロピカルセンセーションP490（左）とラムベースのマイタイP350P（右）

潮風が心地よい
話題のルーフトップバー

マクタン島　ルーフトップバー

ルーム801
Room 801

ホテルの屋上からマクタンの海を見下ろす。夕日の好スポットで知られ、夕方になると観光客が集まる。フィリピン料理中心の食事メニューも充実。

MAP 付録P6B2 ⊗マクタン・セブ国際空港から車で25分 ⊕Hセブ・ホワイト・サンズ・リゾート＆スパ（→P33）内 ☎032-268-9000 ⊕17～22時 ⊛月～木曜 ⊛⊛

1：肉や魚のグリルを盛り合わせたスツキル・プラッター2290P
2：コヨン320P、カラマリ420Pなどアラカルドメニューも

ホテルバー

セブ・シティ　ルーフトップバー

ブルー・バー＆レストラン
Blue Bar & Restaurant

高台にあるマルコ・ポーロ・プラザの最上階、約300mの高さから夜景を眺められるバー。店内は青い照明に包まれロマンティックな雰囲気。

MAP 付録P4A1 ⊗オスメニア・サークルから車で20分 ⊕Hマルコ・ポーロ・プラザ（→P68）内 ☎032-253-1111 ⊛16時30分～24時 ⊛なし ⊛⊛

ホテルの最上階から
シティの夜景を

1：肉や海鮮のグリルなど地中海料理を味わえる　**2**：セブ・シティのきらめく夜景を見渡せる　**3**：青く幻想的な空間

セブ・シティ バー&レストラン

カヴァ
Cava

築100年以上の豪邸を改装したレストラン&バー。バーでは水～金曜にジャズバンド、土曜にDJの演奏も。

MAP 付録P4B2 ⊗オスメニア・サークルから車で10分 ⊕Sanjercasvil Rd., Gorordo Ave., Cebu City ☎0945-554-1358 ⊕10時～翌1時（金・土曜は～翌2時）⊛なし 〔英〕〔要〕

1：ユズが香るジンのカクテル、タガイ500P
2：天井が高い優雅な空間

セブ・シティ バー&レストラン

ベリーニ
Bellini

人気のイタリアン、アンザニ（→P66）に隣接するバー。小高い丘の中ほどに立ち、目の前に絶景が広がる。

MAP 付録P4A1 ⊗オスメニア・サークルから車で25分 ⊕Panorama Heights, Nivel Hills, Lahug,Cebu City ☎032-232-7375 ⊕17時30分～24時 ⊛なし 〔英〕〔要〕

3：オリジナルカクテルも　4：奥行きある店内に50席ほどが並ぶ

一軒家レストランで優美な夜を過ごす

リッチな夜景を眺めるセブナイト

シティーバー

エスニックな世界観の個性派メキシカン

居心地のよさ抜群！マクタン島の隠れ家

セブ・シティ メキシコ料理

マヤ
Maya

巨大なお面やガイコツなどが飾られたエキゾチックな空間。料理はアメリカナイズされたテックスメックス。

MAP 付録P4B1 ⊗オスメニア・サークルから車で15分 ⊕Crossroad Banilad Rd., Cebu City ☎032-238-9552 ⊕17～23時 ⊛なし 〔英〕〔要〕

5：重厚な扉を開けて店内へ　6：タコス385P（手前）は必食

マクタン島 バー&レストラン

ユーフォリア・マクタン・レスト・バー
Euphoria Mactan Resto Bar

日本人オーナーが迎えてくれる居心地のいい空間。バーとしてはもちろん、食事やカフェ利用にもぴったり。

MAP 付録P6B2 ⊗マクタン・セブ国際空港から車で25分 ⊕Buyong Rd., Maribago ☎032-423-6944 ⊕13～24時（料理L.O.22時30分、飲み物L.O.23時30分）⊛月曜 〔日〕〔英〕〔要〕

7：カウンターやテーブルのほかソファーも
8：華やかなカクテル

セブ発！ 人気オプショナルツアー

美しい海に恵まれたセブ島は、海を舞台にしたツアーが充実。移動手段を考えると、歴史遺産や夜景、ショッピングなどを組み合わせたシティーツアーも便利！

1 ジンベエザメウォッチング＆シュノーケリング（昼食付き）

セブ島の南部にあるオスロブで、世界最大の魚類ジンベエザメと泳ぐシュノーケリングツアー。ライフジャケットを着用し、水面でガイドさんが案内してくれるので安心。

出発 4時30分頃　所要時間 約14時間
催行日 毎日　料 US$176～

1：白砂に囲まれたスミロン島にも立ち寄る　2：ジンベエザメと泳いだり、一緒に写真を撮ったりできる貴重な体験

2 モアルボアル海がめウォッチング＆シュノーケリング（昼食付き）

セブ島の西海岸にあるモアルボアルは、古くから知られるダイバーズエリア。周辺の海はサンゴが美しく、ウミガメとの遭遇率が高いことでも知られている。

出発 4時30分頃　所要時間 約12時間
催行日 毎日　料 US$166～

1：手つかずの真っ白な砂浜が延びる　2：モアルボアルの海では、シュノーケリングでも高確率でウミガメに出合える

3 選べるアイランドピクニック満喫コース♪（1日プランは昼食付き）

人気のアイランドピクニック。スケジュールに合わせて半日と1日のプランを用意している。満喫コースでは、ヒルトゥガン島やナルスアン島など3つの島でたっぷり遊べる。

出発 7時30分、11時30分　所要時間 4～8時間
催行日 毎日　料 US$76～

1：ランチはエビやカニなどシーフードを味わって　2：海洋保護区に浮かぶ島々は、美しい海に恵まれたまさに楽園！

4 午前発 セブ市内観光＆フィリピン料理の昼食付コース

マゼラン・クロスやサント・ニーニョ教会など、セブ・シティの見どころを効率的に回る定番ツアー。SMシーサイドではランチもショッピングも楽しめる充実プラン。

出発 8時30分　所要時間 約7時間
催行日 毎日　料 US$70～

1：マゼラン・クロスの天井にはセブの王の洗礼の様子が描かれている　2：スペイン統治時代に建てられた古い建物を巡る

⑤ ウクレレを描こう♪弾いてみよう！ペイント＆レッスンワークショップ

まずは好みの色やデザインでウクレレにペイント。世界にひとつだけのウクレレを使ってレッスンにも参加できる。午前または午後発から選べるのも人気の秘密。ペイントしたウクレレはおみやげに♪

出発 8時30分、12時30分 所要時間 約5時間 催行日 毎日 料 US$101～

1：自分だけのオリジナルウクレレを作ろう **2**：レッスンは初心者から上級者まで対応可能。子供でも参加できる

⑥ ボホール島1日満喫コース

セブ島から高速船で約2時間のボホール島を、1日で満喫する人気ツアー。円錐形の丘が連なるチョコレートヒルズや重厚な教会、かわいい原始猿のターシャなど見どころ豊富。

出発 6時30分頃 所要時間 約14時間 催行日 毎日 料 US$181～

1：体長10cmという世界最小の原始猿ターシャ **2**：見渡すかぎり30mほどの丘で埋めつくされたチョコレートヒルズ

⑦ コース料理を満喫!!セブの夜を贅沢に過ごすショッピング＆ディナーツアー

ショッピングモールで買い物を楽しんだら、ディナーは話題のマンゴーをテーマにしたコース料理。さらに丘の上からセブ・シティの夜景を眺める、いいとこ取りプラン。

出発 16時頃 所要時間 約7時間 催行日 毎日 料 US$120～

1：料理のすべてにマンゴーが使われている話題のコース **2**：ローカルブランドも充実しているショッピングモール

⑧ カワサン滝キャニオニング

セブ島南部にある島内最大級の滝、カワサンフォールズで川下りを楽しむ。滝を滑り下りたり滝壺にジャンプしたり、アクティブに自然を満喫しよう。無事にゴールしたら海を見ながらBBQランチを。

出発 5時頃 所要時間 約13時間 催行日 毎日 料 US$150

1：約14mの岩場から滝壺にジャンプ！ **2**：スライダーのように滝を滑り下りる、爽快な体験。スリルを味わって

申し込みはこちら

 マイバスデスク Mybus Desk

自然を舞台にしたアクティビティからカルチャー体験まで、豊富なツアーを用意するJTBのオプショナルツアーデスク。日本語対応ができるガイド同行のツアーも多く安心。MAP 付録P4B2 住 Unit 5, MDCT Building 8th Floor, Block 20, Leyte LoopCebu Business Park, Cebu City ☎032-349-3925 営8時45分～17時45分 休土・日曜、祝日 URL www.mybus-ap.com/country/philippines/city/cebu

 PTNトラベル PTN Travel

旬な情報を取り入れたオプショナルツアーを豊富に用意。オリジナルのツアーも充実している。セブを熟知した日本人スタッフが中心になって、心のこもったサービスでリゾートの休日をサポートしてくれる。MAP 付録P6B2 住 168 Buot, Punta Engaño, Lapu-Lapu City, Mactan Is. ☎032-340-7910 営8～17時（土曜は～13時） 休日曜 URL www.ptn.com.ph

※⑤⑥⑦⑧のツアーに関しては ⑧ でも類似ツアーの取り扱いあり

まだある！ セブ島 の 注目スポット

セブ・シティとマクタン島の広い範囲に、
ショッピングセンターやカフェ、
レストランなどが続々と登場している。

📷 見る ｜ マクタン島 　　MAP 付録P6B2

ラブラブ像とマゼラン記念碑
Lapu-Lapu Monument & Magellan's Marker
セブ島の歴史を作った偉人の像

世界一周の航海の途中、キリスト教の布教のために来航した冒険家マゼランの記念碑と、その軍を撃退した英雄ラブラブの像。記念碑の横には、1521年4月のマクタン島での戦闘の様子を伝える壁画が展示されている。DATA ⊗マクタン・セブ国際空港から車で20分 ⊕Lapu-Lapu City ⊕5～22時 ⊕なし

上:マクタン島に上陸したマゼラン一行とラブラブ軍との戦いを描いた壁画　下:マゼラン軍を圧倒した英雄、ラブラブの像

🏃 遊ぶ ｜ セブ・シティ 　　MAP 付録P4B2

カジノ・フィリピーノ
Casino Filipino
フィリピン政府公認のカジノ

ウォーターフロント・セブ・シティ・ホテル＆カジノ(→P68)内にあるカジノ。高級感が漂う館内で、スロットやテーブルゲームを楽しめる。短パンやサンダル、迷彩柄の服では入場できない。DATA ⊗オスメニア・サークルから車で20分 ⊕Waterfront Cebu City Hotel, Salinas dr., Lahug ☎032-231-0218 ⊕24時間 ⊕なし

🍴 食べる ｜ マクタン島 　　MAP 付録P6A2

ジェリーズ・グリル
Gerry's Grill
気軽にフィリピン料理を味わうなら！

フィリピン各地に100軒近くの支店をもつカジュアルなフィリピン料理チェーン。シグ335Pやシニガン435Pなど地元食材を使った定番料理が食べられる。DATA ⊗マクタン・セブ国際空港から車で16分 ⊕Ground floor, Alfresco Area, Ibo Lapu-Lapu City ☎032-516-0834 ⊕10～21時 ⊕なし

🍴 食べる ｜ マクタン島 　　MAP 付録P6A2

スケープ・スカイデッキ
Scape Skydeck
ルーフトップの開放的な空間

フィリピン料理をはじめハンバーガーやピザなど多国籍のメニューがそろう。セブとマクタン島をつなぐニューブリッジが眺められる。DATA ⊗マクタン・セブ国際空港から車で7分 ⊕Roof Deck, Azon Residences, M.L. Quezon National Highway, Pusok ☎032-410-3331 ⊕11～14時、17～24時 ⊕なし

🍴 食べる ｜ マクタン島 　　MAP 付録P6A4

ランタウ・フローティング・ネイティブ・レストラン
Lantaw Floating Native Restaurant
マクタン島の南西部にある隠れ家

潮風が心地よい桟橋の先に浮かぶ水上レストラン。オープンエアの店内からは美しいサンセットやセブ・シティの夜景を一望。伝統と創作を織り交ぜたフィリピン料理がリーズナブルに楽しめる。DATA ⊗マクタン・セブ国際空港から車で45分 ⊕Day-as,Tulay, Cordova ☎032-514-2959 ⊕11～22時 ⊕なし

🍴 食べる ｜ マクタン島 　　MAP 付録P6B3

ア・メサ・タパス＆バー
A Mesa Tapas & Bar
周囲の喧騒から隔絶されたシックな空間

リゾートホテルが集まるマリバゴ地区のビルの3階にあるスペイン料理店。パエリア1190Pなどのしっかりした料理からタパス290P～まで選択肢は豊富。DATA ⊗マクタン・セブ国際空港から車で25分 ⊕3F Jinju Square, M.L Quezon Highway, Datag, Maribago ☎0966-249-1910 ⊕11～23時(金～日曜は～24:00) ⊕なし

🍴 食べる | マクタン島 　　　　　MAP 付録P6B2

アクア・カフェ
Aqua Café

フィリピン料理も食べられるカフェ

海遊びの帰りに寄りたい爽やかなインテリアのカフェ。カフェメニューのほか、フィリピン料理もおいしいと評判。深夜便のゲスト向けに、仮眠室やシャワー完備のラウンジサービスを行っている。 DATA ⊗マクタン・セブ国際空港から車で25分 ⊕Punta Engaño ☎0917-620-3977 圏10～22時 ㉁なし 圓 圓 圉

🍴 食べる | マクタン島 　　　　　MAP 付録P6A2

リコズ・レチョン
Rico's Lechon

じっくりグリルした豚の丸焼きが絶品！

セブに5店、マニラに11店をもつフィリピン料理店。すべて直営で創業の味を守っている。店名どおり豚を丸焼きにしたレチョン395P（250g）～が名物。皮はパリパリ、身はジューシー。 DATA ⊗マクタン・セブ国際空港から車で7分 ⊕Unit3 & 4, Mactan Promenade, Airport Rd.,Ibo ☎0995-618-2531 圏10～21時 ㉁なし 圉 圓

上：オーダーが入ると店頭で豚を切り分けて出してくれる
下：吹き抜けの開放感のある店内。開店前から待っている人も

🍴 食べる | マクタン島 　　　　　MAP 付録P6B3

アフリカ・レストラン
Africa Restaurant

カフェ利用にも便利なカジュアルな店

エスニックな小物が飾られた異国情緒あふれる空間。メニューはフィリピン料理と韓国料理が中心で、ブルコギ・サンドイッチ340Pなどユニークなものも DATA ⊗マクタン・セブ国際空港から車で25分 ⊕Kdulang Marigondon, Lapu-Lapu City ☎なし 圏12～21時 ㉁なし 圉 圓 圖 圓

🍴 食べる | マクタン島 　　　　　MAP 付録P6B2

ゴールド・マンゴー
Gold Mango

見た目も華やかな料理が楽しめる

シーフードや肉のグリルをメインにしたイタリアン。個室が充実しており、思わず長居してしまう居心地のよさ。ゴールド・マンゴー・サラダ365Pなど個性的なメニューも。 DATA ⊗マクタン・セブ国際空港から車で15分 ⊕Bagumbayan Uno Maribago ☎0915-330-8432 圏11時～21時30分 ㉁なし 圉 圓

🍴 食べる | マクタン島 　　　　　MAP 付録P6A2

シャーキーズバー＆グリル
Sharky's Bar & Grill

フードも充実のエンタメバー

ビリヤードやライブバンドの演奏を楽しむことができるバー。ビールは60P、カクテルは200P程度とお手頃。200P以下で味わえるフィリピン料理などフードも好評。 DATA ⊗マクタン・セブ国際空港から車で15分 ⊕Maximo V. Patalinghug Jr. Av., Pajo ☎032-495-1906 圏18時～翌2時 ㉁なし 圉 圓

🍴 食べる | マクタン島 　　　　　MAP 付録P6B3

フードキャンプ・ガストロ・フードパーク
Foodcamp Gastro Foodpark

夜遅くまで賑わうマクタンの新名所

広場を囲むように屋台が並ぶナイトマーケット。フィリピン料理を中心に韓国料理やスイーツの店も。席は自由なので、注文して料金を払えば、料理は席まで持ってきてくれる。 DATA ⊗マクタン・セブ国際空港から車で20分 ⊕Marigondon Crossing, Near, Barangay Hall Rd. ☎店舗により異なる 圏13時～翌2時 ㉁なし 圉 圓

上：店頭にメニューや料金が明記してある店も多く安心
下：特に週末の夜は多くの人で賑わいお祭りのよう

食べる｜セブ・シティ ｜MAP 付録P4A1

アンザニ
Anzani

人気の地中海料理レストラン

セブ島の夜景を望むことができるロケーション。有名レストランの料理長だったマルコ・アンザニ氏が作る独創的な料理が好評。パスタ450P〜、ピザ450P〜。 DATA ⊗オスメニア・サークルから車で25分 ⊕Panorama Heights, Nivel Hills, Lahug ☎032-232-7375 ⊕11時30分〜23時 ㊡なし 🈰🈓

食べる｜セブ・シティ ｜MAP 付録P4B1

カフェ・ジョージ
Café Georg

セブ・シティの奥様御用達のカフェ

パスタや肉料理などの豊富なフードメニューをはじめ、10種類以上の自家製デザートがそろう。日本人好みの、ほどよい甘さの上品なスイーツもいただける。チーズケーキ125P〜。 DATA ⊗オスメニア・サークルから車で20分 ⊕GF, MLD Bldg., Banilad ☎032-266-6134 ⊕10時30分〜22時 ㊡なし 🈰🈓

食べる｜マンダウエ ｜MAP 付録P4B1

タボラータ
Tavolata

グループで訪れるのにおすすめ

店名はイタリア語で「大勢で食卓を囲んで食事する」の意味。イタリア産の小麦粉を使った自家製の生パスタが評判。写真のラザニアは410P。 DATA ⊗オスメニア・サークルから車で20分 ⊕Design Centre of Cebu, A.S. Fortuna at P.Remedio St., Mandaue City ☎0920-958-3125 ⊕11〜21時 ㊡なし 🈰🈓

上：ラザニアやペンネなど多種多様なパスタがそろう 下：1・2階合わせて70席。吹き抜けとガラス張りの洗練された空間

食べる｜セブ・シティ ｜MAP 付録P4A1

トップ・オブ・セブ
Top of Cebu

セブ・シティを一望する天空テラス

セブで一番高い場所にある、山の上のレストラン。セブ島の郷土料理から定番のフィリピン料理までそろい、ユニークな盛り付けなどで目でも楽しませてくれる。 DATA ⊗オスメニア・サークルから車で40分 ⊕Top Hill, Brgy. Busay ☎0920-986-6565 ⊕11〜22時 ㊡なし 🈰🈓

上：フィリピン風焼きそば、パンシット340Pはセブの形に盛り付け 下：晴れた日はテラス席に座ると、セブ・シティを一望できる

食べる｜セブ・シティ ｜MAP 付録P4B1

ロイヤル・クルア・タイ
Royal Krua Thai

コスパ抜群のタイ料理店

メニューの多くが100〜250Pとリーズナブル。人気はトムヤムクン・スープで、ボリューム満点なので、2〜3人でシェアして食べるのがおすすめ。 DATA ⊗オスメニア・サークルから車で15分 ⊕Unit 101 & 102,Banilad Town Centre, Gov. M. Cuenco, Banilad ☎032-436-4742 ⊕10〜21時 ㊡なし 🈰🈓

食べる｜セブ・シティ ｜MAP 付録P4B2

韓陽苑
Kanyoen

質の高い焼肉が味わえる専門店

予約必須の人気焼肉店。日本から取り寄せたコンロを使い、服に臭いが付きにくい。価格は300〜550Pくらい。 DATA ⊗オスメニア・サークルから車で15分 ⊕GF, Castle Peak Hotel, F.Cabahug ast., Coor.Pres. Quezon St., Mabolo ☎032-232-2989 ⊕11〜14時、17時30分〜22時 ㊡月曜 🈞🈰🈟🈓

🍴 食べる｜セブ・シティ　　MAP 付録P5D1

デイリー・グリンド
The Daily Grind

地元客が集う街のちょっとおしゃれなカフェ

車が行き交う大通りにある小さなカフェ。街中にありながら、窓の外に緑が配され常連客がくつろいでいる。一番人気は濃厚で甘いTDGシグネチャー・ラテ160P。フラッペ150P～も定番。 DATA ⊗オスメニア・サークルから車で20分 🏠 Pres. Roxas St. ☎0919-954-1533 ⏰9～21時 🈲なし [カード][英]

上：店名を略してTDGカフェと呼ばれる。テイクアウト客の姿も
下：しっかり味がついたカルボナーラ200Pはカフェの定番メニュー

🍴 食べる｜マンダウエ　　MAP 付録P5C1

呑ん気
Nonki

日本の居酒屋に負けない充実メニュー

寿司や刺身、天ぷらなどがそろう人気の日本食レストラン。上握り寿司は495P、かつ重は260Pと、ほとんどの料理を500P以下で味わえる。アレンジ料理も豊富。 DATA ⊗オスメニア・サークルから車で15分 🏠219-A.S. Fortuna St., Bakilid, Mandaue City ☎032-422-3159 ⏰17時30分～23時 🈲なし [原][自][英]

🍴 食べる｜セブ・シティ　　MAP P4B2

アバセリア・デリ＆カフェ
Abaseria Deli and Cafe

地元客がおすすめする実力派レストラン

空心菜炒め185Pやミルクフィッシュの醤油焼き550Pなど地元食材を使った伝統的なフィリピン料理が充実している。カゴバッグや食材などのおみやげも品揃えも豊富。 DATA ⊗オスメニア・サークルから車で13分 🏠#32 Pres. Quirino St., Villa Aurora Subd., Kasambagan ☎032-234-4160 ⏰10～19時 🈲なし [英]

🍴 食べる｜セブ・シティ　　MAP P4A3

アイス・キャッスル
Ice Castle

異なる食感を楽しむ王道のハロハロ

フィリピン人にもファンが多いスイーツ専門店。評判のハロハロ175Pは伝統的なレシピで作るオーソドックスなタイプ。ほかにもフルーツを贅沢に使ったデザートがそろう。 DATA ⊗オスメニア・サークルから車で15分 🏠Raintree Mall, F.Ramos St. ☎032-412-5589 ⏰11～22時 🈲なし [英][カード]

🛍 買う｜セブ・シティ　　MAP 付録P4A4

SMシーサイド・シティ・セブ
SM Seaside City Cebu

セブ島最大級のショッピングモール

300店以上が並ぶ巨大モール。日本でもお馴染みの高級ブランドからローカルファッション、雑貨店まで何でもあり。レストランはもちろん、映画館やボーリング場もあるので地元客で賑わう。 DATA ⊗オスメニア・サークルから車で15分 🏠South Rd., Properties ☎032-340-8735 ⏰10～21時 🈲なし [英]

🍴 食べる｜セブ・シティ　　MAP 付録P4A4

アイ・チャ・ピンス・デザート・カフェ
I CHA Bingsu Dessert Cafe

韓国のかき氷とセブ島のフルーツが融合！

韓国風かき氷のピンス(小170P～、大320P～)が地元で大人気。マンゴーやバナナなどセブ島のフルーツを使いボリュームもたっぷり。サクッと揚げたコーンドッグ65P～も好評。 DATA ⊗オスメニア・サークルから車で15分 🏠SMシーサイド・シティ・セブ3階～P67 ☎0945-601-3241 ⏰10～21時(金・土曜は～22時) 🈲なし [英][カード]

🎁 買う｜マクタン島　　MAP 付録P6A2

ガイサノ・マクタン
Gaisano Mactan

幅広いラインナップがそろう

マクタン島最大のショッピングセンター。地元で人気のファストフード店のほか、多彩な飲食店がそろう。ファッションから食品、コスメまでさまざまなアイテムが見つかるのでおみやげ探しにぴったり。 DATA ⊗マクタン・セブ国際空港から車で15分 🏠National Rd.,Pajo ☎032-340-5889 ⏰9～21時 🈲なし [英]

買う｜マクタン島　MAP 付録P6B2

アレグレ・ギターズ
Alegre Guitars

手作りギター工場で美しい音色に酔う

マクタン島は世界的にも有名なギターの生産地。島内にはギター工場やショップがいくつもあるが、アレグレ・ギターズは職人がギターを製造する過程を見学できる。もちろんショールームでは、ギターを7500Pから購入可。スタッフの巧みなギター演奏に物欲が刺激されるかも。 DATA ⊗マクタン・セブ国際空港から車で15分 ⊕Pajac-Maribago Rd., Lapu-Lapu City ☎032-238-6263 ⊛9〜17時 ㊡なし 🅙 英

泊まる｜セブ・シティ　MAP 付録P4B3

ラディソン・ブル・セブ
Radisson Blu Cebu

使い勝手抜群な大型シティホテル

セブ・シティの湾岸エリアにある5つ星ホテル。ショッピングモールに隣接する、便利なロケーションが魅力。シティホテルながら1階にプールやプールバーを備えている。 DATA ⊗マクタン・セブ国際空港から車で40分 ⊕Serging Osmeña Blvd. Corner Juan Luna Av., Cebu City ☎032-402-9900 ㊗スーペリア7000P〜、プレミア9200P〜、エグゼクティブ・スイート1万700P〜 客室数 396 URL www.radissonblu.com/ja 英

泊まる｜セブ・シティ　MAP 付録P4A1

マルコ・ポーロ・プラザ
Marco Polo Plaza Cebu

セブ・シティを一望できる絶景ホテル

丘の中腹からセブ・シティを一望する24階建ての高層ホテル。客室はマウンテンビューとシービューがあり、どの部屋もシンプルなデスクを備えるなど機能的な空間。眺望抜群のルーフトップバーや爽やかなプールサイドのレストランなど、施設も充実している。 DATA ⊗マクタン・セブ国際空港から車で45分 ⊕Cebu Veterans Dr., Nivel Hills, Apas, Cebu City ☎032-353-8910 ㊗デラックス・マウンテンビュー3360P〜、デラックス・シービュー4800P〜ほか 客室数 309 主な施設とサービス レストラン、バー、屋外プール、スパ、フィットネスセンター、ビジネスセンター、24時間ルームサービス、インターネット無線LAN接続 URL www.marcopolohotels.com 英

吹き抜けのロビーはシャンデリアが飾られたラグジュアリーな空間。19時からはラウンジでミュージシャンの生演奏も

癒やす｜セブ・シティ　MAP 付録P4B1

ツリー・シェイド・スパ
Tree Shade Spa

地元でも評判の実力派スパ

施術に定評があるカジュアルスパ。ベーシックなドライマッサージは500P（60分）。パッケージも豊富で、オイル+フットマッサージ999P（90分）が人気。 DATA ⊗オスメニア・サークルから車で20分 ⊕Salinas Dr., Lahug, Cebu City ☎032-232-7890 ⊛24時間 ㊡なし 英

上:カフェやギフトショップも併設しており、ゆったり過ごせる
下:プレミアムパッケージ専用のトリートメントルーム

泊まる｜セブ・シティ　MAP 付録P4A3

クラウン・リージェンシー・ホテル&タワーズ
Crown Regency Hotels&Towers

上空で体験する絶叫アトラクション

38階建ての高さでセブ・シティのランドマークにもなっているツインタワーホテル。最上階では、エッジコースターなどのアトラクションを体験。 DATA ⊗マクタン・セブ国際空港から車で30分 ⊕Osmeña Blvd., Cebu City ☎032-418-8888 ㊗スーペリア6800P〜、ジュニア・スイート7500P〜、クラウン・リージェンシー・スイート1万2000P〜、2ベッドルーム・クラウン・リージェンシー・スイート1万8000P〜 客室数 400 英

泊まる｜セブ・シティ　MAP 付録P4B2

ウォーターフロント・セブ・シティ・ホテル&カジノ
Waterfront Cebu City Hotel&Casino

お城風の外観が存在感大！

中世のイメージしたホテル。カジノやショッピングアーケードなど、充実した館内施設が魅力。居心地のよい客室はシティビュー、またはマウンテンビューから選べる。 DATA ⊗マクタン・セブ国際空港から車で45分 ⊕Salinas Dr.,Lahug, Cebu City ☎032-232-6888 ㊗スーペリア7500P〜、デラックス8000P〜、アンバサダー・スイート1万800P〜、エグゼクティブ・スイート1万6480P〜 客室数 561 URL www.waterfronthotels.com.ph 英

Area 2

ボホール島

Bohol Island

地平線まで広がる丘陵に圧倒されたり、

キュートな原始猿に癒やされたり・・・

ここでしか出合えないシーンがいっぱい！

ダイナミックな自然にふれる旅

ボホール島 エリアNAVI

セブ島からの1日ツアーで人気の島。小高い丘が連なるチョコレートヒルズや原始猿のターシャなどが見どころ。南西に浮かぶパングラオ島には砂浜の美しいアロナ・ビーチも。

ボホール島で やりたいこと BEST3

1 チョコレート ヒルズで記念撮影 (→P14、73)

220段の階段を上った展望台からチョコレートヒルズを撮影。絶景バックのセルフィーも！

2 キュートなターシャ に会う(→P72)

体長10cmほどの原始猿。絶滅の危機に瀕しているが、保護区ではターシャを見学できる。

3 アロナ・ビーチで のんびり♪(→P74)

500mにわたって白砂ビーチが延びる。宝石のように輝く海を眺めながらくつろぐ至福の時間♪

絶景から小動物まで楽しみは多彩

1 ボホール島
Bohol Island

ターシャに 会いにきてね

セブ島とミンダナオ島に挟まれた自然豊かな島。中心地のタグビラランに港や空港がある。ロボク川のリバークルーズやチョコレートヒルズ見学など自然を舞台にした遊びが充実している。

1：大きな目がかわいらしいターシャ　**2**：細かな彫刻が施された祭壇や天井画が美しいバクラヨン教会　**3**：高さ30mほどの丘で埋めつくされた神秘の大地、チョコレートヒルズ

眩しいほどの白砂ビーチが点在

2 パングラオ島
Panglao Island

ボホール島と橋でつながった島。美しいアロナ・ビーチを中心に、ラグジュアリーなリゾートホテルも増えている。海ではダイビングやイルカ＆クジラウォッチングも楽しめる。

1：島の南部に延びるアロナ・ビーチ→P74　**2**：アロナ・ビーチには多くのレストランやバーが→P74　**3**：高台に立つアモリタ・リゾート→P77

セブ島　↑セブ港へ　カモテス海

ボホール海峡

・タリボン
・ブエナビスタ　　・トリニダッド
　　　　　　　　　　　　・ウバイ
・サン・ミゲル・
・トゥビゴン
　　　　　　　　　① ボホール島
・カラブ　　　　　　　　　　　・マビニ

・ルーン
　　　　　　　・カルメン
　　　　　　　　　　　・シェラ・ブローネス
ロボク川　　　　　　　　　　　・ギンダルマン
　　　　・ビラー
　　　　　　　　　　ドゥエロ・
タグビララン港　・タグビララン　・ロボク　　ガルシア・エルナンデス
　　② バングラオ島　　　　　　ジャグナ・
✈バングラオ・ボホール国際空港
　　　　・ロアイ　　・バレンシア
・アロナ・ビーチ

N　　0　　20km

ACCESS

ボホール島への交通

マニラからバングラオ・ボホール国際空港へ、1日10便ほどの直行便が運航している。所要1時間20〜30分。またセブ島のセブ港からタグビララン港には船が1日約14便運航し、所要約2時間。空港からバングラオ島のアロナ・ビーチまでは車で約10分。港からアロナ・ビーチまでは車で約30分。ホテルの送迎車かタクシーを利用しよう。タクシーでバングラオ島へ行く場合、戻ってくるときの料金も加算される。

セブ港とタグビララン港を結ぶ高速船

ボホール島での交通

観光客には定額制のホテルタクシーか流しのタクシー、運転手付きのレンタカーが安心。タグビララン市内やアロナ・ビーチ周辺の移動は、オートバイの横に座席を付けたトライシクルも使えるが、乗る前に料金交渉が必要。

港周辺にはトライシクルが行き交う

美ビーチでバカンス！　お昼寝♪

セブ島から日帰りで行ける魅惑の島
ボホール島
1Dayツアー

雄大な自然に恵まれたボホール島を満喫するなら、
セブ島からの日帰りツアーに参加しよう。
絶景はもちろん、素朴な島内風景やかわいい動物、
歴史など、島の多彩な表情に触れられる。

ボホール島
チョコレートヒルズ●
ターシャ保護区域
パングラオ島

大きなヤシの木も
あって南国感
たっぷり！

1

6:30 ホテルを出発

港に向け出発。ピックアップの
時間は宿泊ホテルによって異
なるので集合時間を確認！

ボホール島への高速船は、1日
に10便以上運航されている

11:40
ロボク川
クルーズでランチ

内陸部を流れるロボク川で、
のんびりリバークルーズ。ラン
チはフィリピン料理を満喫。

2

3

1：ゆったりと流れるロボク川の風景を眺めながら、フィリピン
料理のビュッフェを堪能。　**2**：ロボク川の両岸には鬱蒼とした
ジャングルが広がる。ところどころ集落が点在し、子供たちが
川で遊んでいることも　**3**：シンプルな造りの双胴船でのん
びり。船内は世界各国から訪れた観光客で賑わう

10:20

6:30   11:40   13:15

10:20

ボホール島に到着

高速船はセブ・シティの港から出航し、
約2時間でボホール島のタグビララン
港に到着。船内は寒いので注意。

13:15 ハイライト

世界最小の
原始猿ターシャに出合う！

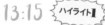

保護区で飼育されているター
シャを見学。寿命は10〜
20年と長生きだが、1年に1
匹しか子供を産まない。

1

1：保護区での見学は無料だが、エサ代などをま
かなうための募金箱が設置されている　**2**：森林
破壊と密猟により、絶滅が危惧される原始猿ター
シャ。繊細なのでフラッシュ撮影は禁止！　**3**：ター
シャの正式名称はタルシウス。体長10cmほど
で、コオロギなどの昆虫が主食

ターシャ保護区域
Tarsier Conservation Area
MAP 付録P3C4
🚗タグビララン港から車で
1時間10分 🏠Loay Interior
Rd., Loboc ⏰8〜17時 🚫な
し 🆓無料

1：タグビララン港
からは、車で内陸
部のチョコレート
ヒルズ方面へと出
発！　**2**：港の周辺
には商店などが並
び、バイクに荷台を
付けたトライシクル
が走る

周辺は
素朴な港町♪

2

//LET'S GO!//

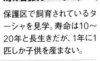

夜行性なので、
昼は眠いのだ…

3

wonderful!

自撮りも
お忘れなく♪

1

2

14:45 ハイライト2

チョコレートヒルズの自然美に圧倒される

ボホール島の内陸部に30mほどの丘が連なる幻想的な光景。緑鮮やかな雨季の丘もきれい。

1：石灰岩質の丘が1000以上も連なるチョコレートヒルズは、世界でも類を見ない不思議な光景　**2**：展望台からは、地平線まで続く絶景を撮影できる。乾季になると丘が茶色に

16:50

歴史に思いをはせる血盟記念碑へ

フィリピン初代総督レガスピとボホール島の首長シカトゥナが盃を交わしたことを記念した碑。

海を望む高台に建てられており、展望スポットとしても知られる

血盟記念碑
Blood Compact Site
MAP 付録P3B4
⊗タグビララン港から車で20分 ⊕Tagbilaran East Rd., Tagbilaran City 営24時間 休なし 料無料

14:45 — 16:10 — 16:50 — 17:40 — 21:00

16:10

荘厳な雰囲気漂うバクラヨン教会を見学

1595年に建てられたボホール島最古の教会。内部の祭壇には細かな装飾が施されている。

光が差し込み幻想的

17:40

ボホール島を出発

タグビララン港から高速船でセブ島へ。高速船の座席は乗車券購入時に番号を付与され決定する。

21:00

ホテルに到着

夜遅くなるので、夕食はホテルのレストランで。

※セブの港からは車にて送迎。ホテルによって到着時間が異なる

バクラヨン教会
Baclayon Church
MAP 付録P3B4
⊗タグビララン港から車で30分 ⊕Baclayon, Tagbilaran East Rd., Tagbilaran City 営8〜17時 休なし 料50P(10歳以下は無料)

重厚な祭壇や柱の彫刻、華やかな天井画などに職人技が光る。ミサ中の見学は禁止

荘厳なたたずまいを見せる石造りの教会。古びた外観が歴史の証し

TOUR DATA

ボホール島 1日観光ツアー

ボホール島の見どころを1日で回る人気のツアー。絶景から動物とのふれあいまで、内容盛りだくさん。

所要時間 約15時間(6時30分出発)。2名から催行 料US$120(昼食、ガイド、施設入場料、高速艇、送迎込み)問PTNトラベル→P63

今、最も注目されるアジアンリゾートエリア

アロナ・ビーチで 朝から夜まで 南国気分♪

パングラオ島の南に延びるアロナ・ビーチは、美しい砂浜と海だけでなく、カフェやナイトライフも楽しめる話題のエリア。ヤシの木に覆われた楽園を満喫しよう！

ソーダ色の海が最高！

1

⏰10:00
ホテルのプールでのんびり
アロナ・ビーチ沿いに立つリゾートホテルのプールで、海を感じながらのんびり。暑くなったらプール入ったり、気が向いたらビーチに出たり、リゾート気分を満喫。

アロナ・ビーチ
ヘナン・リゾート・アロナ・ビーチ
Henann Resort Alona Beach
→P77

上：歩いてすぐビーチに出られる、リゾートバカンスには最高のロケーション

⏰13:30
白砂ビーチを散歩♪
全長500mほどのアロナ・ビーチはゆっくりと散歩するのにちょうどいい。ビーチ沿いにはレストランやバーが並び、おばちゃんたちがマッサージの呼び込みをする姿も。

アロナ・ビーチ MAP付録P7B1
アロナ・ビーチ Alona Beach

2

1：白砂が眩しく輝くビーチ 2：淡い青から濃紺へのグラデーションが美しい 3：フルーツが並ぶスタンド

3

⏰12:00
シーサイドでランチ！
アロナ・ビーチの真ん中に立つリゾートホテルのビーチレストラン。パンシット285Pなどのフィリピン料理をはじめドイツ料理も。

アロナ・ビーチ
ピラミッド・レストラン Pyramid Restaurant
MAP付録P7B2 ⊕アロナ・ビーチ内 ⊕Alona Beach, Tawala, Panglao ☎038-422-8531 ⏰6時～22時30分 休なし 英 夏

1

1：ドイツ資本の老舗リゾートホテルに併設 2：大ぶりのエビが入ったシニガン450P

2

スムージーボウルは300P！

🕐 15:30

SNS映えのヘルシーカフェ

ヴィーガンメニューをそろえたカフェ＆レストラン。華やかなスムージーボウルはフルーツたっぷり。ハンバーガーのパテは豆で作る。

アロナ・ビーチ

シャカ Shaka

MAP 付録P7A2 ⊗アロナ・ビーチから徒歩10分 ⊕Ester Lim Dr., Tawala, Alona Beach, Panglao ☎0956-955-6491 ⊕8〜20時 ⊛なし 英 英 🏝

フルーツたっぷり♪

左：夕方はカウンターへ　上：アロナ・サンセット・ビュー250P

🕐 17:00

ビーチバーでカンパ〜イ

アロナ・ビーチにはレストランやバーが並んでおり、どこも気軽に入れる雰囲気。夕日に照らされたビーチを眺めながら至福のときを。

アロナ・ビーチ

オアシス・リゾート・レストラン
Oasis Resort Restaurant

MAP 付録P7B2 ⊗アロナ・ビーチ内 ⊕Alona Beach, Tawala, Panglao ☎038-502-9083 ⊕9〜23時 ⊛なし 英 英

🕐 17:30

赤く染まった空をバックに記念撮影☆

アロナ・ビーチからはサンセットは見られないが、ブルーから茜色へと変化していく空が美しい！　静かなビーチにはバンカーボートが浮かび南国らしい雰囲気。

色を変える空にうっとり♥

水面が赤く染まるサンセットタイムは、一日で一番平和な時間

ビーチ沿いにレストランが並ぶ

🕐 18:30

幻想的なホタルの乱舞に感激！

ボホール島のアバタン川に集まるホタルをボート上から観賞。暗闇のなかマングローブに密集するホタルの光が浮かび上がる。

ボホール島

アバタン川のホタル観賞
Abatan River Firefly Watching

MAP 付録P3B3 所要時間 1時間〜(18:30〜、19:30〜、20:30〜) ⊛1000P〜(人数とボートの種類により異なる) ⊕PTNトラベル→P63 英 英 🏝

左：ホタルは特定のマングローブに集まる　下：約45分のクルーズ

🕐 20:30

ディナーはモダンフィリピン料理

フードコートの店だが、シェフが生み出すモダンフィリピン料理はセンスがよいと評判。見た目も華やかな新しいフィリピン料理に出合える。

アロナ・ビーチ

ピリャ！バスタ・キュイジーヌ
Pilya! Basta Cuisine

MAP 付録P7A2 ⊗アロナ・ビーチから徒歩5分 ⊕4 Uptown In, Alona Beach Rd., Tawala, Panglao ☎0995-068-6546 ⊕12時〜22時30分 ⊛なし 英 🏝

右：韓国料理など8店が並ぶ　下：エビのグリル385Pや牛肉のアドボ315Pなど秀逸なメニュー

ボホール島 自然たっぷりのリゾートホテル

—— Bohol Island Resort Hotel ——

ボホールのリゾートホテルはタグビララン港周辺とパングラオ島に集中している。
特にパングラオ島の南側には美しいビーチを満喫できるホテルが多い。

Natural

楽園Point!

白砂ビーチまで数歩

オンザビーチのリゾートホテルだけに、客室からビーチまでは歩いてすぐ。一日中、海を満喫できる。

ボホール島で最も美しい
ビーチに立つ老舗リゾート

1

バングラオ島

ボホール・ビーチ・クラブ

Bohol Beach Club

1984年のオープンから、ボホールのリゾートホテルを牽引してきたパイオニア的存在。目の前に延びる250mのビーチはボホール随一の美しさと評判だ。木目調の家具を配したフィリピンスタイルの客室が居心地よい。

MAP 付録P3B4 ⊗バングラオ・ボホール国際空港から車で10分 ⊕Fonacier Circumferential Rd., Bo. Bolod, Panglao Is., Bohol
☎038-502-9222 ⊕デラックス1万1000P〜、ビーチ・ビュー・スイート2万P〜ほか 客室数 88室
URL www.boholbeachclub.com.ph

🔒❄🏊🩴⛱🛏 S/R ☕

主な施設とサービス 屋外プール（2）、スパ、ビジネスセンター、24時間ルームサービス
レストラン&バー アゴタタ（インターナショナル）、ブディヨン（イタリアン）

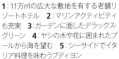

1：11万㎡の広大な敷地を有する老舗リゾートホテル **2**：マリンアクティビティも充実 **3**：ガーデンに面したデラックス・グリーン **4**：ヤシの木や花に囲まれたプールから海を望む **5**：シーサイドでイタリア料理を味わうブディヨン

白砂ビーチを前に優雅な休日

バングラオ島

サウス・パームス・リゾート
South Palms Resort

広々としたビーチにパラソルが並ぶ南国らしいホテル。客室はフィリピンの伝統建築を取り入れたデザイン。

MAP P3B4 ⊗バングラオ・ボホール国際空港から車で10分 ⊕Brgy. Bolod, Panglao Island, Bohol ☎038-502-8288 ㉑デラックス・プール・ビュー1万500P〜、デラックス・ビーチ・フロント1万2000P〜ほか 客室数78室 URL www.southpalmsresort.com

🔒❄🏖🚹🍴🛏️SR🛁☕

主な施設とサービス 屋外プール、スパ、フィットネスセンター、ビジネスセンター、インターネット無線LAN接続
レストラン&バー オセアニカ・シーフード・レストラン（シーフード）、コースト・プール・バー（バー）

楽園Point!

静かなロケーション
周辺にリゾートホテルが少なく、広いビーチを独占！　落ち着いた雰囲気のなかで過ごせる。

1：目の前に広がる透明度の高い海
2：人気のデラックス・プール・フロント

バングラオ島

ヘナン・リゾート・アロナ・ビーチ
Henann Resort Alona Beach

3つのプールをもつ400室の大型ホテル。ベランダからプールに入れる部屋やプライベートプール付きのヴィラも。

MAP 付録P7B1 ⊗バングラオ・ボホール国際空港から車で10分 ⊕Alona Beach, Tawala, Panglao Is., Bohol ☎038-502-9141 ㉑デラックス1万752P〜、プレミア1万2096P〜、プレミア・ウィズ・ダイレクト・プール・アクセス1万5188P〜ほか 客室数400室 URL henann.com/bohol/henannalonabeach/

🔒❄🏖🚹🍴🛏️SR🛁☕

主な施設とサービス 屋外プール（3）、スパ、ジャクジー、フィットネスセンター、ビジネスセンター、ベビーシッティングサービス、インターネット無線LAN接続
レストラン&バー コーラル・カフェ（フィリピン料理）、クリスティーナズ（インターナショナル）、シー・ブリーズ・ビーチ・クラブ（インターナショナル）、プール・バー（バー）

ボホール最大級のモダンリゾート

楽園Point!

アロナ・ビーチが目の前
アロナビーチに面しているので気軽にビーチを散策。レストランやバーへも行きやすい。

1：アロナ・ビーチを望むメインプール
2：モダンデザインのデラックス

アロナ・ビーチを見下ろす好ロケーション

バングラオ島

アモリタ・リゾート
Amorita Resort

アロナ・ビーチの東端にあり、階段を下りればビーチまで数分。客室は白を基調としたシンプルなデザインで快適。

MAP 付録P7B1 ⊗バングラオ・ボホール国際空港から車で10分 ⊕Alona Beach, Brgy., Tawala, Panglao Is., Bohol ☎038-502-9003 ㉑デラックス1万3585P〜、ジュニア・スイート1万4820P〜、プール・ヴィラ2万9640P〜ほか 客室数98室 URL www.amoritaresort.com

🔒❄🏖🚹🍴🛏️SR🛁☕

主な施設とサービス 屋外プール（2）、スパ、ジャクジー、ビジネスセンター、ベビーシッティングサービス、24時間ルームサービス
レストラン&バー サフロン・レストラン（インターナショナル）、トマール・タパス×バー（スペイン料理）、ロビー・ラウンジ

楽園Point!
アロナ・ビーチを一望
レセプションの先にあるガーデンから、緩やかに弧を描くアロナ・ビーチを見下ろせる。

1：高台のインフィニティプール　2：キングサイズのベッドを配したスイート

喧噪から離れた
大人のリゾートホテル

楽園Point!

静かな隠れ家リゾート
リゾートホテルの少ないエリアなので、豊かな自然に包まれプライベート感もたっぷり。

1：ビーチに面した開放感たっぷりのプール　2：エスニックモダンな客室

バングラオ島

ベルビュー・リゾート
The Bellevue Resort

アロナ・ビーチとは反対側のドルホ・ビーチに立つホテル。伝統とモダンが融合した個性的な客室でくつろげる。

MAP 付録P3B4 ⊗バングラオ・ボホール国際空港から車で10分 ⊕Brgy. Doljo, Panglao Is., Bohol ☎038-422-2222 ⊕スーペリア1万7000P～、デラックス1万8000P～ほか 客室数155室 URL www.thebellevuebohol.com

主な施設とサービス 屋外プール、ジャクジー、マッサージ、ビジネスセンター、ベビーシッティングサービス、インターネット無線LAN接続、日本語スタッフ
レストラン&バー ラミアン・ワールド・キュイジーヌ（インターナショナル）、マレア・アル・フレスコ・ダイニング（シーフード料理）、フルジョ・バー（バー）

バングラオ島

ブルーウォーター・バングラオ・ビーチ・リゾート
Bluewater Panglao Beach Resort

マクタン島やスミロン島にもリゾートをもつナチュラル系ホテル。客室は落ち着いたオフホワイトで統一され快適。

MAP 付録P3B4 ⊗バングラオ・ボホール国際空港から車で7分 ⊕Brgy. Danalo, Panglao Is., Bohol ☎038-416-0702 ⊕デラックス1万P～、プレミア・デラックス1万2000P～、ファミリー・ロフト2万P～ほか 客室数82室 URL www.bluewaterpanglao.com.ph

主な施設とサービス 屋外プール（2）、スパ、ビジネスセンター、キッズクラブ、24時間ルームサービス
レストラン&バー アブラヤ（インターナショナル）、バロート（バー）

ヤシ葺きパラソルが
リゾート気分を盛り上げる

楽園Point!

海も緑も堪能できる！
緑豊かな丘の上に立ち、階段を下りて海へとアクセス。ガーデンと海、両方を楽しめる。

1：海から離れるため、敷地内は静か
2：横に長いプレミア・デラックス

バングラオ島を
カジュアルに遊ぶ

楽園Point!

豊富な客室カテゴリー
ホテル棟のほか19棟のヴィラがありファミリーからカップルまで最適な部屋が見つかる。

1：高級感が漂うロビーから休日が始まる　2：プール沿いにヴィラが並ぶ

ボホール島

ビー・グランド・リゾート
Be Grand Resort

ラグーンのようなプールを5階建てのホテル棟とヴィラが囲む。レストランやバーはカジュアルな雰囲気。

MAP 付録P3B4 ⊗バングラオ・ボホール国際空港から車で7分 ⊕BE Grand Dr., Brgy. Danao, Panglao Is., Bohol ☎038-412-9000 ⊕デラックス1万3839P～、オセアナ・スイート2万1875P～、ドリーム・ヴィラ3万468P～ 客室数208室 URL begrandbohol.com

主な施設とサービス 屋外プール（2）、スパ、フィットネスセンター、ビジネスセンター、インターネット無線LAN接続
レストラン&バー フード・ホール（インターナショナル）、ブリッジ（インターナショナル）、スイム・アップ・バー（バー）

Lala Citta Philippines

Area3

ボラカイ島
Boracay Island

フィリピン随一の白砂ビーチは、

素足を包み込むサラサラのパウダーサンド。

ビーチを望むリゾートホテルでくつろいで。

ボラカイ島 エリアNAVI

遠浅の海と真っ白なビーチで有名なボラカイ島は、南北7km、東西2kmの細長い島。
約4kmにわたって延びる西海岸のホワイト・ビーチに、ホテルやレストラン、バーなどが集まる。

ボラカイ島で やりたいこと BEST3

1 ホワイト・ビーチで のんびり

ボラカイ島の代名詞、ホワイト・ビーチをとことん満喫！ 特に夕景の美しさは格別。

2 アジアのリゾート らしさを楽しむ

ホワイト・ビーチ沿いにはレストランやバーが集まり賑やか。ビールを片手にフィリピン料理を味わおう。

3 極上の海で ダイビング （→P82）

サンゴ礁が広がる華やかな海はダイバーの憧れ。まずは体験ダイビングにチャレンジ。

世界最高峰の白砂ビーチで過ごす

1 ホワイト・ビーチ周辺
White Beach

パウダーサンドのビーチとして世界的にも有名。300室を超える大型リゾートホテルから数室のバンガローまで、ほとんどのリゾートホテルがこのエリアに立つ。

1：ビーチ沿いに立つリゾートホテルのバーでくつろぐ
2：水平線を眺めながら至福の時間を

BLUE!

2

2 北部

シブヤン海

パナイ島 3

カティクラン空港 ✈

ボラカイ島

1 ホワイト・ビーチ周辺

カグバン港

南シナ海

0　　　1km

手つかずの砂浜が延びる秘密の隠れ家

② 北部
North Area

森に囲まれた丘陵地帯に、プライベート感たっぷりの隠れ家リゾートホテルが点在する。眩しいほど白いプカ・シェル・ビーチや神秘的な洞窟がある。

1：真っ白な砂浜が延びるプカ・シェル・ビーチ→P84　2：島内最高級のシャングリ・ラ→P86

ボラカイ島上陸の入り口

③ パナイ島
Panay Island

ボラカイ島の空の玄関口は隣に浮かぶパナイ島。カティクラン空港とカリボ空港があり、カティクラン空港のほうがアクセスしやすい。

フィリピンで6番目に大きい島として知られる

ACCESS

ボラカイ島への交通

ボラカイ島には空港がないので、南に浮かぶパナイ島のカティクラン空港かカリボ空港からアクセスするのが一般的。カティクラン空港を利用する場合、空港からバンカーボート乗り場へはトライシクルで約5分。ボートの料金は往路175P、復路100Pが目安。カリボ空港を利用する場合、バスでカティクランまで約2時間。そこからバンカーボートでボラカイ島へ向かう。バスとボートの料金は片道800Pが目安。ボート乗り場で予約したホテルのバウチャーを見せる。

ボラカイ島での交通

移動のメインとなるのはバイクの横に座席を付けたトライシクル。料金はホワイト・ビーチのホテル間で50Pくらいが目安。近距離の移動には自転車の横に座席を付けたペディキャブが便利。料金は距離や荷物の量によって変わり、100〜200Pが目安。

暑いので近距離でもトライシクルを利用

4泊5日！
モデルプラン

美しいビーチでアクティビティを楽しむのがおすすめ！
乗り継ぎのタイミングによって、マニラでの前後泊が必要。

1day
13:50　マニラ泊

2day
8:00　**ボラカイ島**に到着
9:00　**ホワイト・ビーチ**でのんびり
12:00　**フィリピン料理**でランチ
14:00　**ヘリコプター**から海を激写！
18:00　カクテル片手にバーで**夕日観賞**
20:00　ディナーは**新鮮シーフード**

3day
9:00　**体験ダイビング**で海中探検
13:00　**カフェ**で爽やかランチ
14:00　**スタンド・アップ・パドル・ボード**体験
17:00　**スパ**で至福のときを満喫
19:30　ホテル自慢の**ロマンティックディナー**

4day
9:00　**ホテルのプール**でのんびり
13:00　ボラカイ島出発
14:00　カティクラン空港出発、マニラ泊

5day
7:30　日本へ向け出国

イソギンチャクの
中にいるよ〜

フォトジェニックに海を満喫♡

陸・海・空で楽しむ
ボラカイ島の遊び方

宝石のようにきらきらと輝く海、
眩しいほどの白砂、そして生命感
あふれる熱帯雨林。
ボラカイ島の豊かな自然を、
陸から空から遊びつくそう！

サンゴに守られた
お魚パラダイス

Ⓐ Ⓑ

• スクーバダイビング ‹

体験ダイビング3500P〜(器材レンタル代込み)

栄養豊富なボラカイ島の海ではダイビング
が盛ん。体験ダイビングなら誰でも美しい海
の世界にエントリーできる。海底を埋め尽く
すサンゴと舞い踊る魚たちに会いに行こう！

体力	☆★★★★
予算	★★★★☆
定番度	★★★★★

1：リーフエッジは多種
多様なサンゴに覆われ
たお魚天国　2：ダイ
ビングポイントまでは
バンカーボートでアク
セス　3：ウミガメや回
遊魚などの大物に出合
える可能性大

体力	★☆☆☆☆
予算	★☆☆☆☆
爽快度	★★★★☆

左:ビーチではパラセーリングなどのア
クティビティも楽しめる　下／遠浅の
海はシーカヤックにぴったり

• ホワイト・ビーチ ‹

無料

ボラカイ島の休日でメイン
となるのがホワイト・ビーチ。
約4kmにわたって延びる
砂浜はふかふかのパウダ
ーサンドで、のんびり歩くだ
けでも気持ちがいい。デッ
キチェアに寝転がってのん
びり過ごしたい。

ボラカイ島では外せない絶品ビーチ!!

西側のビーチなので
夕日はきれい♪

Ⓐ Ⓑ ヘリコプター遊覧

9800P（15分。2名より催行）

ボラカイ島周辺を、15分ほどヘリコプターで遊覧する絶景ツアー。上空から眺めると、真っ白な砂浜と宝石のように輝くラグーンの美しさが際立つ。ロマンティックなサンセットタイムもおすすめ。

体力 ☆☆☆☆☆
予算 ★★★★☆
フォトジェニック度 ★★★★★

旅の思い出に
カップル撮影も♪

窓の大きいヘリコプターなので眺めは最高！

beautiful

上空から眺める海岸線に感激！

上：眼下に広がる絶景！　ヘッドセットからはパイロットのノリノリのトークが

Ⓐ アイランドホッピング

体力 ★★★☆☆
予算 ★★★★☆
絶景度 ★★★★☆

5300P（3時間。1〜5名）

双胴のバンカーボートで、ボラカイ島周辺の島や秘密のビーチを巡るシュノーケリングツアー。出発時間は要問合せ。シュノーケリング器材のレンタルは別料金。

透明度抜群の海を満喫！

1：水中カメラを忘れずに　2：別途、入場料が必要なスポットもあり

リーフの美しさはため息もの！

Ⓐ Ⓑ スタンド・アップ・パドル・ボード

600P（1時間。器材レンタル代込み）

SUPの愛称で人気上昇中のアクティビティ。サーフボードの上に立ち、パドルを漕いで水面を移動する。エンジンを使わないので、聞こえるのは波とパドルの音くらい。

海を間近に感じるヒーリングタイム♪

体力 ★★★☆☆
予算 ★☆☆☆☆
話題度 ★★★★★

水面を滑って進む気持ちよさ♪

1：穏やかな海でのシーカヤックも人気　2：浮力のあるボードを使うので、意外と簡単に立てる

アクティビティの申し込みはこちら

Ⓐ アイランド・スタッフ
Island Staff
日本人オーナーのダイビングショップ。ホテルや航空券の予約などボラカイ旅行をフルサポート！ウェブサイトにはボラカイ島へのアクセスやグルメ、ショッピング情報も充実。
MAP 付録P7B4 ⊕Station 3 Angol, Boracay Is., Malay, Aklan ☎036-288-3316
URL diveshop-islandstaff.jp

Ⓑ サーフサイド・トラベル・サービス
Surfside Travel Service
日本人経営のリゾートホテル「サーフサイド・ボラカイ・リゾート＆スパ」に併設されたアクティビティ会社。マリンスポーツから観光までボラカイ島の遊びを手配してくれる。
MAP 付録P7B4 ⊕Angol,Manoc-Manoc ,Boracay Is., Malay, Aklan ☎036-288-5006
URL www.boracaysurfside.com

まだある！
ボラカイ島 の
注目スポット

レストランやバー、ショップなどは
ホワイト・ビーチ周辺に集中。
リゾートホテルもビーチ沿いに多い。

📷 見る ｜ 東海岸 ｜ MAP 付録P7B3

クロコダイル島
Crocodile Island

ダイビングの人気スポット

ボラカイ島の南東に浮かぶ無人島。ワニが水面に浮かんでいるように見えることからこの名がついた。島の周りにはサンゴ礁が広がり、色とりどりの魚が群れる美しい光景が見られる。ダイビングやシュノーケリングのツアーで使われることが多い。 DATA ⊗ボートステーション1からボートで25分

🚩 遊ぶ ｜ ホワイト・ビーチ周辺 ｜ MAP 付録P7B4

Dモール
D'mall

ボラカイ島最大のプレイスポット

広大な敷地に約300店がひしめく、ボラカイ島最大のショッピング＆ダイニングエリア。おみやげ店、レストラン、バー、マッサージ店、銀行などがそろい夜遅くまで賑わっている。 DATA ⊗ボートステーション2から徒歩5分 ⊕Balabag, Boracay Is.,Malay, Aklan ☎036-288-3408 ⊕店舗により異なる ⊕なし ⊗

📷 見る ｜ 北部 ｜ MAP 付録P7A4

プカ・シェル・ビーチ
Puka Shell Beach

静かなビーチでのんびり過ごす

ボラカイ島北部の集落を越えたところにある隠れ家ビーチ。観光客が少なくとっても静か。名前の由来になったプカシェル（中央に穴の空いた貝殻）は、取りつくされ見かけなくなってしまったが、純白のビーチと宝石のように輝く美しい海は健在。 DATA ⊗ボートステーション1からトライシクルで20分

📷 見る ｜ ホワイト・ビーチ周辺 ｜ MAP 付録P7A4

ウィリーズ・ロック
Willy's Rock

ホワイト・ビーチを見守る聖母像

ボートステーション1にある岩の小島。階段が設置され、マリア像が祀られている。干潮時は岩まで歩いて行け、波が寄せる美しい景観が人気を集めている。満潮になると腰の位置くらいまで海水が上がり、岩の周りは色とりどりの魚が見られるシュノーケリングスポットになる。 DATA ⊗ボートステーション1から徒歩すぐ

上：聖母マリアに、熱心に祈りを捧げるキリスト教徒の姿も
下：ホワイト・ビーチ随一のフォトスポットとして知られる

🍴 食べる ｜ ホワイト・ビーチ周辺 ｜ MAP 付録P7B4

エピック
Epick

新鮮なシーフード料理が名物

目の前に砂浜が延びる好ロケーション。フィリピン料理とスペイン料理を中心に、ハンバーガーやタコスなどもそろう。なかでも人気は魚介のグリル。 DATA ⊗ボートステーション2から徒歩3分 ⊕Balabag, Boracay Is., Malay, Aklan ☎ 036-288-1477 ⊕9〜18時 ⊕なし ⊗

🍴 食べる ｜ ホワイト・ビーチ周辺 ｜ MAP 付録P7B4

メサ
Mesa

定番のフィリピン料理を味わうならここ！

国内に55軒以上の支店をもつフィリピン料理チェーン。メニューの種類が多く、魚介から肉、野菜までさまざまな食材を楽しめる。盛り付けもきれいで◎。 DATA ⊗ボートステーション2から徒歩3分 ⊕ヘナン・リージェンシー・リゾート＆スパ（→P87）内 ☎036-288-6111 ⊕11〜21時 ⊕なし ⊗

食べる｜ホワイト・ビーチ周辺　MAP 付録P7B4

スモーク
Smoke

アイデアが光るフィリピン料理店

Dモールの一角、ステーション3側にひっそりとたたずむ創作アジア料理店。評判の料理はガーリックをたっぷり使った独特の味わい。コストパフォーマンスがよいため地元の常連客の姿も多い。**DATA** ⊗Dモール内 ⊕Balabag,Boracay Is.,Malay, Aklan ☎036-288-6014 ⊗8時～22時30分 ⊗なし ⊗英

食べる｜ホワイト・ビーチ周辺　MAP 付録P7B4

バルハーラ
Valhalla

ステーキが評判のダイニング

アメリカンな雰囲気のステーキハウス。チキンやシーフード、ステーキがメニューの中心。ステーキは800P～で、ヒレステーキが評判。**DATA** ⊗ボートステーション2から徒歩5分 ⊕Unit 111 Phase 4 D'mall Boracay Is., Balabag, Malay, Aklan ☎036-288-5979 ⊗11～23時 ⊗なし ⊗英

泊まる｜ホワイト・ビーチ周辺　MAP 付録P7B4

ル・ソレイユ
Le Soleil

地中海スタイルの爽やかなホテル

ボートステーション2まで徒歩数分という、ホワイト・ビーチのなかでも最も賑やかで便利なロケーション。ビーチ通りに面した入口は狭いが、敷地は奥に長くプールやバーなど施設も充実している。ステンドグラスやアーチのような扉など、地中海風のデザインセンスが光る。客室はデラックス以上のカテゴリーがおすすめ。**DATA** ⊗ボートステーション2から徒歩3分 ⊕Boat Station 2, Boracay Is., Malay, Aklan ☎0969-295-5389 ⊕デラックス6000P～、スーペリア・デラックス7000P～、ジュニア・スイート8000P～ほか 客室数76室 主な施設とサービス レストラン、バー、屋外プール、ビジネスセンター、フィットネスセンター URL www.lesoleil.com.ph

リゾートらしいポップなカラーでまとめられた客室。ビーチサイドの部屋はベランダからホワイト・ビーチが見える

泊まる｜ホワイト・ビーチ周辺　MAP 付録P7B4

コースト・ボラカイ
Coast Boracay

リゾートムードたっぷりのデザインホテル

客室棟の外観から室内、ロビーまで白を基調としたコンテンポラリーデザインのホテル。ホワイト・ビーチの目の前にあり、賑やかなビーチロードへも歩いてすぐ。併設のレストランは好評だが、外で食事を取るにも便利。フレンドリーなスタッフのサービスが心地よく、毎年のように通うリピーターも多い。**DATA** ⊗ボートステーション2から徒歩3分 ⊕Boat Station 2, Beachfront, Balabag, Boracay Is., Malay, Akalan ☎036-288-2634 ⊕プレミア7259P～、1ベッドルーム・スイート1万4640P～ 客室数71室 主な施設とサービス レストラン、バー、屋外プール、スパ URL www.coastboracay.net

客室棟に囲まれたプールは落ち着いて過ごせる空間。カクテル片手にのんびり過ごしたい

泊まる｜ホワイト・ビーチ周辺　MAP 付録P7A4

トゥー・シーズンズ
Two Seasons

ビーチまで歩いてすぐのプチリゾート

ホワイト・ビーチに面したカジュアルな雰囲気のブティックリゾート。ビーチはもちろん、賑やかな中心部へも気軽に歩いていけるロケーションが魅力。プールを中心に客室棟が並ぶシンプルな造りで、室内はスタイリッシュなインテリアで統一されている。フィリピンのホテルブランドなので、ローカルゲストの姿も多い。**DATA** ⊗ボートステーション1から徒歩5分 ⊕Boat Station 1, Boracay Is., Malay, Aklan ☎036-288-4384 ⊕スタンダード6710P～、デラックス7930P～、ジュニア・スイート9760P～、ファミリー・グランド・スイート2万1960P～ 客室数34室 主な施設とサービス レストラン、バー、屋外プール URL twoseasonsresorts.com/boracay

白をベースに落ち着いた色調のインテリアを配したジュニア・スイート。ソファやローデスクが備わりのんびり過ごせる

楽園イメージそのままの美ビーチへ

ボラカイ島 白砂ビーチリゾート
—— Boracay Beach Resort ——

西側に延びるホワイト・ビーチを中心に大小のリゾートホテルが密集。島の北部に点在する
隠れ家リゾートでは、静かなビーチでプライベート感たっぷりの休日を過ごせる。

自然保護区に立つ
島内随一の高級ホテル

Nice View

楽園Point!

絶景レストラン！
充実したレストラン＆バーのなかで秀逸なのが、丘の上に立つ「シレナ」。絶景を眺めながら新鮮魚介を味わえる。

1

ヤパック

シャングリ・ラ ボラカイ
Shangri La's Boracay

北部の静かな入り江に立つ、島で最もラグジュアリーなリゾートホテル。小さな岬を挟む2つのビーチでのんびり過ごせる。伝統デザインを取り入れた客室はデラックスでも約60㎡と広々。

MAP 付録P7A4 ⊗カティクラン空港（マニラより飛行機で1時間）から車とボートで15分 ⊕Barangay Yapak, Boracay Is., Malay, Aklan ☎036-288-4988 ⊕デラックス1万8800P〜、デラックス・シービュー2万800P〜、シービュー・スイート3万800P〜、ツリーハウス・ヴィラ3万4800P〜ほか
客室数 219室 URL www.shangri-la.com/jp

主な施設とサービス 屋外プール（2）、スパ、ジャクジー、フィットネスセンター、ビジネスセンター、24時間ルームサービス、キッズクラブ、インターネット無線LAN接続
レストラン＆バー シレナ（シーフード）、リマ（イタリアン）、ヴィンタナ（インターナショナル）ほか

2

4

5

1：岬を挟んで南北にビーチが延びる　2：ジャクジー付きのテラスから絶景を堪能
3：緑に覆われ落ち着いた雰囲気のプール　4：バルコニーからの眺めがよいデラックス・シービュー　5：癒やしの哲学を極めたCHIスパで至福のトリートメントを

居心地のよさを支える
上質なホスピタリティ

ホワイト・ビーチ周辺

ディスカバリー・ショアーズ・ボラカイ・アイランド

Discovery Shores Boracay Island

ホワイト・ビーチの北端にあり、繁華街まで徒歩圏内ながら静かなロケーションが魅力。モダンデザインの客室は居心地がよく、海を望めるレストランやバーもハイレベル。

MAP 付録P7A4 カグバン港から車で25分 Station 1, Balabag, Boracay Is., Malay, Aklan ☎ 036-288-4500 ジュニア・スイート1万5860P～、1ベッドルーム・スイート1万9154P～、1ベッドルーム・スイート・プリミエール2万1350P～

客室数 99室 URL www.discoveryshoresboracay.com

🔒❄🏖🤿👫⛱
🛏♨🍴☕

主な施設とサービス 屋外プール、スパ、24時間ルームサービス、インターネット無線LAN接続

レストラン&バー インディゴ（地中海料理）、フォルノ・オステリア（イタリアン）、サンズ（フィリピン料理）ほか

🗨 楽園Point!
夕方はビーチでのんびり♪
ビーチに面した「サンド・バー」はサンセット観賞の特等席。華やかなカクテルも充実!

1：プールを囲むように客室棟が立つ 2：上質な地中海料理を味わえるインディゴ 3：客室はシンプルかつモダン

ホワイト・ビーチ周辺

ヘナン・リージェンシー・リゾート&スパ

Henann Regency Resort&Spa

曲線を生かしたプールやキッズプールなど4つのプールを備え、それを囲むように客室棟が並ぶ。レストランやバーなど館内施設も充実しており快適。

MAP 付録P7B4 カグバン港から車で20分 Beachfront, Station2, Boracay Is., Malay, Aklan ☎036-288-6111 スーペリア8100P～、デラックス9520P～ほか 客室数 302室 URL henann.com/boracay/henannregency

🔒❄🏖🤿👫⛱
🛏♨🍴☕

主な施設とサービス 屋外プール（4）、フィットネスセンター、ビジネスセンター、24時間ルームサービス、インターネット無線LAN接続

レストラン&バー シーブリーズ・カフェ（インターナショナル）、メサ（フィリピン料理）、クリスティーナズ（イタリアン）、ハプーチャン（中国料理）ほか

好ロケーションのスタイリッシュホテル

🗨 楽園Point!
レストランやバーが充実
賑やかなビーチ通りの真ん中に立ち、周辺にはレストランやカフェが点在。ナイトライフも楽しみ。

1：ビーチに並ぶデッキチェア 2：ロイヤル・スイートはベッドの上から海が見える 3：ジャクジー付きプール

落ち着いて過ごせるブティックリゾート

楽園Point!

自慢のスパで癒やされる

「マンダリン・スパ」には、ヒロットをはじめ各国の技術を習得したセラピストがスタンバイ。

1：客室からビーチまで歩いてすぐ
2：青空に映えるかわいい外観が特徴

ホワイト・ビーチ周辺

ボラカイ・マンダリン・アイランド・ホテル
Boracay Mandarin Island Hotel

ショップが集まるDモールまで歩いてすぐの好立地。淡いサーモンピンクの外壁と赤い三角屋根の地中海風の建物が印象的。モダンな客室でゆったり過ごせる。

MAP 付録P7B4 カグバン港から車で20分 Beachfront, Station 2, Boracay Is., Malay, Aklan ☎0917-704-2738 デラックス1万P〜、プレミア・シー・ビュー1万1500P〜 客室数52室 URL www.boracaymandarin.com

主な施設とサービス 屋外プール、スパ、ビジネスセンター、インターネット無線LAN接続
レストラン&バー ドン・ヴィート（シーフード&イタリアン）、ブコス・バー（バー）、ドン・ヴィート・ジェラート（カフェ）

ホワイト・ビーチ周辺

ディストリクト・ボラカイ
The District Boracay

ヤシの木に囲まれた真っ白な建物が目を引く、スタイリッシュなホテル。エントランスからビーチまでは徒歩数分。晴れた日はビーチに並ぶテーブルで食事を楽しめる。

MAP 付録P7A4 カグバン港から車で25分 Station2, Balabag, Boracay Is., Malay, Aklan ☎036-288-1448 デラックス9900P〜、プレミア1万1000P〜ほか 客室数48室 URL www.thedistrictboracay.com

主な施設とサービス 屋外プール、子供用プール、スパ、ビジネスセンター、ベビーシッティングサービス、インターネット無線LAN接続
レストラン&バー スター・ラウンジ（インターナショナル）ほか

異空間へ誘うクールなデザイン

楽園Point!

眺めのよいレストラン

眺望自慢のレストラン「スター・ラウンジ」は、特にルーフデッキからの海の眺めが抜群！

1：スクエアデザインのスタイリッシュなホテル **2**：ミニマルスタイルの客室

リピーターも多いプチリゾート

楽園Point!

コーヒーショップで和食

「渚コーヒーショップ」では、フィリピン料理以外に簡単な和食の用意があり日本人に好評。

1：ホワイト・ビーチ南部は緑豊かで静か **2**：眺めのよいジュニア・スイート

ホワイト・ビーチ周辺

サーフサイド・ボラカイ・リゾート&スパ
Surfside Boracay Resort&Spa

ホワイト・ビーチ南側にある日本人経営のホテルは、ナチュラルな施設とアットホームなサービスが好評。洞窟を利用したスパ「やすらぎ」は宿泊客以外の利用も多い。

MAP 付録P7B4 カグバン港から車で15分 Angol, Manoc-Manoc, Boracay Is., Malay, Aklan ☎036-288-5006 エコノミー3850P〜、スタンダード5400P〜、スーペリア6750P〜ほか 客室数14室 URL www.boracaysurfside.com

主な施設とサービス スパ
レストラン&バー 渚コーヒーショップ（フィリピン料理）

Area4

北パラワン
のリゾートホテル

Northern Palawan

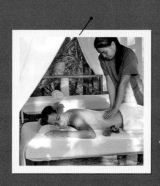

カラウィット島
ブスアンガ島
Busuanga Is.
カラミアン諸島
Calamian Group

H クラブ・パラダイス P93
H エル・リオ・イ・マール P94
ブスアンガ空港

コロン島
Coron Is.

エルニド空港

クリオン島
Culion Is.

セダ・リオ P93 H
フニ・リオ P94 H
エルニド・リゾーツ・
ミニロック・アイランド P92

H アマンプロ

パマリカン島
Pamalican Is.

キーニルパン諸島
Quiniluban Group

ロドリゲス空港
（サンドバル空港）

エルニド・リゾーツ・
バングラシアン・アイランド P90

エルニド・リゾーツ・
ラゲン・アイランド P91

タイタイ湾
Taytay Bay

アプリット島
Apulit Is.

ノアノア島
Noanoa Is.

マナモック島
Manamoc Is.

アグタヤ島
Agutaya Is.

クヨ島
Cuyo クヨ島
Cuyo Is.

タイタイ
Taytay

パラワン海峡
Palawan Passage

ドゥマラン島
Dumaran Is.

地下河川
国立公園

パラワン諸島
Palawan Is.

南シナ海
South China Sea

プエルト・プリンセサ
Puerto Princesa

ホンダ湾
Honda Bay

アボルラン
Aborlan

ケソン
Quezon

ナラ
Narra

スールー海
Sulu Sea

リサール
Rizal

美しいサンゴ礁が広がる紺碧の海で、

シュノーケリングやシーカヤックを体験。

豊かな自然に包まれた、秘境での贅沢時間♪

ブグスク島
Bugsuk Is.

バラバック島
Balabat Is.

美しいサンゴの海に囲まれた島々へ

北パラワン、秘境のリゾートホテル
—— Northern Palawan Resort Hotel ——

パラワン諸島の北側には、手つかずの自然に溶け込むような小さくて居心地のいい
リゾートホテルが点在している。プライベート感たっぷりの隠れ家で、贅沢な時間を過ごしたい

ラグジュアリー感
たっぷり！

楽園Point!
極上の純白ビーチ
エルニドリゾーツがビーチクラブ
として使用していただけあり、海
や砂浜の質は一級品。

1　まぶしい白砂に縁どられた
上質なリゾート空間

Beautiful

【パングラシアン島】

エルニド・リゾーツ・パングラシアン・アイランド
El Nido Resorts Pangulasian Island

背の高いヤシの木に隠れるように、モダン
デザインのリゾート施設が並ぶ。広々とし
た室内は木や籐製のインテリアで統一。
プール付きの優雅なヴィラもある。

MAP P89 ✈マニラからエルニド空港まで国内線
で1時間30分。空港からスピードボートで30分
⌂Pangulasian Is., El Nido, Palawan
☎02-7902-5990 💰キャノピー・ヴィラ7万1900P
〜、ビーチ・ヴィラ7万7900P〜、プール・ヴィラ8
万1900P〜(全食事、フリーアクティビティ付き)
客室数42室 URL www.elnidoresorts.com

🔒❄🏖🍴👥🏛🛏️SℝⓇ🐟☕

主な施設とサービス 屋外プール、スパ、フィットネス
センター、マリンスポーツセンター
レストラン&バー クラブハウス(インターナショナル)、
バー
アクティビティ ダイビング4800P／1ダイブ、シュ
ノーケリングセット無料、SUP無料、カヤック無
料、アイランドツアー無料

1：ヤシの木に覆われた居心地のよいプール　**2**：大きなプールが備わるプール・ヴィラ
3：天井が高く快適なビーチ・ヴィラ　**4**：広いビーチに立つレストラン　**5**：ビーチの美
しさは格別

ラゲン島

エルニド・リゾーツ・ラゲン・アイランド
El Nido Resorts Lagen Island

沖に浮かぶ岩に人魚が休んでいたという伝説が残るラゲン島のリゾート施設。美しい入り江や白砂のビーチなど、自然に溶け込んだ4タイプの客室がそろう。

MAP P89⊗マニラからエルニド空港まで国内線で1時間30分。空港からバンカーボートで45分 ⊕Lagen Is., El Nido, Palawan ☎02-7902-5980 ㊙フォレスト・ルーム4万8000P〜、フォレスト・スイート5万2000P〜、ウォーター・コテージ5万4000P〜（全食事、フリーアクティビティ付き）客室数50室 URLwww.elnidoresorts.com

主な施設とサービス 屋外プール、スパ、フィットネスセンター、マリンスポーツセンター
レストラン&バー クラブハウス（インターナショナル）、バー
アクティビティ ダイビング3500P〜／1ダイブ、シュノーケリングセット無料、SUP無料、カヤック無料、アイランドツアー無料

3

1：ウォーター・コテージのベランダ
2：眺めのよいレストラン　3：マリンスポーツを楽しみに。ボートで無人島へ
4：スパでのトリートメントも楽しみ
5：リゾート感あふれるプール

4

解放感に
とろける〜

楽園Point!
爽やかなガーデンバー
プールの隣には茅葺き屋根のバーがある。籐編みの椅子が備わり居心地がよい。

5

Relax

プールで
楽園気分♪

巨岩に守られた、
人魚伝説が残る島

Nature

色とりどりの花が
咲き乱れる楽園リゾート

楽園Point!

桟橋に集まる熱帯魚
桟橋周辺にはカラフルな魚が多く、ときにロウニンアジなどの大型回遊魚に出合えることもある。

ラグーンの
透明度はピカイチ！

1

ミニロック島

エルニド・リゾーツ・ミニロック・アイランド

El Nido Resorts Miniloc Island

黒大理石の巨岩に囲まれた静かな入り江にたたずむホテル。宿泊料には食事やアクティビティ、ツアーが含まれる。入り江に連なるウォーター・コテージが人気。

MAP P89 ⊕マニラからエルニド空港まで国内線で1時間30分。空港からバンカーボートで40分 ⊕Miniloc Is., El Nido, Palawan ☎02-7902-5985 ⊛ガーデン・コテージ4万2000P〜、ウォーター・コテージ4万9000P〜、デラックス・シービュー5万2000P(全食事・フリーアクティビティ付き) 客室数50室 URL www.elnidoresorts.com

🔒❄🏊👟🧴🍴🛏 S R ☕

主な施設とサービス屋外プール、スパ、マリンスポーツセンター
レストラン&バークラブハウス(インターナショナル)、パヴィリオン・バー(バー)
アクティビティダイビング3000P〜/1ダイブ、シュノーケリングセット無料、SUP無料、カヤック無料、アイランドツアー無料

1：岩山沿いに並ぶウォーター・コテージ　2：目の前に美しい海が広がる　3：海を眺めながら過ごせるプール　4：ヤシ葺き屋根のビーチバー　5：テラスから海を望むデラックス・シービュー　6：カヤックでラグーンを探検

2

3

4

5

6

ディマクヤ島

クラブ・パラダイス
Club Paradise

島の自然を壊さないように建てられたナチュラルリゾート。ラグーンには、美しい海にしか生息しないジュゴンが姿を現すことも。

MAP P89 ⊗マニラからブスアンガ空港まで飛行機で1時間。空港からマリカバンの桟橋まで車で30分、桟橋からボートで20分 ⊕Dimakya Is., Busuanga, Coron, Palawan ☎02-7719-6971 ⊛ガーデン・スイート1万1840P〜、オーシャン・ビュー1万3920P〜ほか（朝食付き）客室数55室 URL www.clubparadisepalawan.com

主な施設とサービス 屋外プール、スパ、ジャクジー、マリンスポーツセンター
レストラン&バー ファイヤーフィッシュ・レストラン（インターナショナル）、ジュゴン・バー（バー）ほか
アクティビティ ダイビングUS$38〜／1ダイブ、カラウィット島サファリツアー3900P〜、コロン島ツアー3800P〜

自然に溶け込む エココンシャスなリゾート

楽園Point!
まるでアフリカの光景!?
近くに浮かぶカラウィット島には、放し飼いのキリンやシマウマが生活している。

1：リゾートの中心には海に溶け込むようなプールが　2：客室はシンプルで過ごしやすい　3：開放的なオーシャン・レストラン

ロングビーチに面した 開放感たっぷりの空間

楽園Point!
サンセットスポット
西側にあるホテルなので、海と空を染める夕日は絶品。夕方はビーチへ！

1：木々の向こうに海が広がる　2：緑に癒やされるデラックス・ガーデン　3：ロマンティックなプール・バー

パラワン島

セダ・リオ
Seda Lio

空港の北に約4kmにわたって延びるリオ・ビーチに立つラグジュアリーなホテル。プールを中心に客室棟やレストランが並び快適に過ごせる。

MAP P89 ⊗マニラからエルニド空港まで国内線で1時間30分。空港から車で5分 ⊕Lio Tourism Estate, Bgy. Villa Libertad El Nido, Palawan ☎0917-818-1929 ⊛デラックス・フォレスト1万9500P〜、デラックス・ガーデン2万200P〜、スイート2万5200P（朝食付き）客室数153室 URL lio.sedahotels.com

主な施設とサービス 屋外プール、スパ、フィットネスセンター、キッズルーム
レストラン&バー ミスト（インターナショナル）、プール・バー（バー）
アクティビティ カヤック無料、SUP無料、自転車無料

…近！白砂ビーチに
…モダンホテル

楽園Point!

選択肢豊富なレストラン

ホテル内に加え、リゾート施設
リオ・ツーリズム・エステート内
のレストランなども利用可！

バラワン島

フニ・リオ
Huni Lio

ホテルやレストランなどが集
まる総合リゾートコミュニテ
ィに併設。モダンなデザイ
ンの客室が居心地いい。
P90〜91のリゾートホテル
と組み合わせて宿泊するプ
ランも。

MAP P89 ⊗マニラからエルニド
空港まで国内線で1時間30分。空
港から車で5分 ⊕ Lio Tourism
Estate, Palawan ☎ 0956-459-
1930 ㊝デラックス1万3000P〜、
デラックス・プールビュー1万
3500P〜、プレミアム1万4500P
（朝食付き）客室数50室

主な施設とサービス 屋外プール
レストラン&バー レストラン（インター
ナショナル

1：プールを囲むように客室棟が立ちリゾートムードたっぷり　2：緑に
覆われプライベート感たっぷり　3：シンプルで機能的なデラックス

ボートでしかアクセスできない
入り江を独り占め

楽園Point!

開放感あふれるバー

海に突き出した桟橋の先に
は、潮風が心地よいオープン
エアのバーがある。

ブスアンガ島

エル・リオ・イマール
El Rio Y Mar

マングローブが生い茂る小さ
な入り江に立つ。岬に守られ
た穏やかな入り江では、マリン
アクティビティを楽しめる。

MAP P89 ⊗マニラからブスアンガ
空港まで飛行機で1時間。空港から
マリカバンの桟橋まで車で30分、
桟橋からボートで30分⊕San Jose,
Busuanga, Coron, Palawan
☎02-688-3929 ㊝ネイティブ・カバ
ナ8800P〜、シーダ・カバナ1万3500P
〜、カーサ7500P〜（全食事、フリーア
クティビティ付き）
客室数24室 URL www.elrioymar.com

主な施設とサービス 屋外プール、スパ、
マリンスポーツセンター、ライブラ
リー レストラン&バー アル・フレスコ・
レストラン（インターナショナル）、
ボート・カルトムズ・リーフ・バー
（バー）アクティビティ カラウィット島
サファリツアー4500〜、コロン島ツ
アー4900P〜

1：静かな入り江へと続くようなプール　2：天然素材のインテリアが
印象的なシーダ・カバナ　3：小高い山に守られたナチュラルな雰囲気

マニラ

Manila

石畳の路地を馬車が走る歴史地区と、

高層ビル群が隣接するフィリピンの首都。

進化する街でショッピングとグルメの旅を！

マニラ エリアNAVI

高層ビルが立ち並ぶフィリピンの首都。スペインの植民地時代に建てられた建物が残る一方で、大型ショッピングモールやカジノ、高級シティホテルなども続々と登場している。

マニラで やりたいこと BEST3

① ショッピングモールで お買い物 (→P100)

SMモール・オブ・アジアなどの大型ショッピングモールが点在。ローカルブランドが狙い目！

② 植民地時代の歴史 建築巡り (→P98)

スペイン統治時代に建てられた教会や城壁など異国情緒たっぷりの建物を見学する。

③ おいしいシーフード を満喫 (→P102)

豊かな海に面したマニラには新鮮なシーフードがたっぷり。お好みの調理法で味わって。

歴史地区を中心に広がる賑やかな下町エリア

① メトロ・マニラ中心部
Metro Manila

教会や要塞跡などスペイン統治時代の建物が残る観光の中心地。古くから知られる名門ホテルが多く、レストランやナイトスポットも充実している。

《 SUNSET! 》

1：海沿いに南北に走るロハス通り 2：マニラ教会周辺には観光用の馬車が走る 3：世界三大夕日のひとつと称されるマニラ湾のサンセット

ビジネスとショッピングの拠点

② マカティ
Makati

高層ビルが立ち並ぶビジネス街。フィリピン最大財閥のアヤラ一族が開発したエリアで、中心部にはアヤラ・センターというショッピングモール群や高級ホテルが集まる。

1：ショッピングモールやデパートが点在
2：のんびり散策できる公園も

若者が集うマニラのトレンド発信地

③ ボニファシオ・ グローバル・シティ
Bonifacio Global City

マニラの富裕層や外国人向けに再開発された新興エリア。おしゃれなレストランやカフェが並び、セキュリティがしっかりしているので安心して街歩きを楽しめる。

1：大型のショッピングモールでお買い物
2：車が入れない歩行者専用の遊歩道もある

国鉄北部線

LRT高架鉄道

カロオカン　ルーズヴェルト駅　ノース通り駅

ケソン通り駅

④ ケソン

アラネタ・
センター・
クバオ駅

フィリピン国鉄

LRT2（高架鉄道）

MRT首都圏鉄道

クバオ

トゥトゥバン駅

レガルダ駅

レクト駅

サンタ・メサ国鉄駅

サン・ホアン

パシグ川

マニラ

マンダルヨン

メトロ・マニラ中心部 ①

パコ国鉄駅

ビト・クルス
国鉄駅

パシグ

② **マカティ**

ブエンディア
国鉄駅

パサイロード
国鉄駅

ブエンディア駅
フォート・ボニファシオ

マニラ湾

パサイ

アヤラ駅

③ **ボニファシオ・
グローバル・シティ**

タフト通り駅

バクラララン駅

サウススーパー
ハイウェイ

ニノイ・アキノ
国際空港へ↓

N

0　　　　2km

政府機関が集まるアカデミックエリア

④ **ケソン**
Quezon

独立準備政府の初代大統領マニュエル・ケソンの名を
冠したエリア。一時は首都として機能していたこともあ
り、今でも政府機関や大学、放送局などがある。

1：フィリピン大学の構内にある
バルガス美術館　**2**：ケソンの
中心にあるメモリアル・サークル

モデルプラン

マニラ観光のメインは、
歴史的建造物とショッピング、
そしてグルメ。新しい店が続々と
登場しているので目的を絞って！

1day

13:50	**マニラに到着**
15:00	**イントラムロス**の教会見学
17:00	夕日がロマンティックな**バー**へ
19:00	評判の**フィリピン料理**ディナー

2day

10:00	**SMモール・オブ・アジア**でお買い物
12:00	ランチは**スペイン料理**を堪能
13:30	**アヤラ・センター**を散策
15:30	おしゃれな**カフェ**でまったり
17:00	ハイレベルな**スパ**で癒やされる
20:00	ホテル自慢の**豪華ディナー**

3day

| 7:30 | **マニラを出発** |

ACCESS

マニラへの交通

東京国際（羽田）空港、成田国際空港、関西国際空港などか
ら直行便が運航しており所要約5時間。ニノイ・アキノ国際
空港のターミナルは4つに分かれ、各ターミナル間の移動は
無料のシャトルバスを利用。空港からはタクシーや送迎車で。

マニラでの交通

LRT（高架鉄道）やMRT（首都圏鉄道）という鉄道が運行し
ており、料金はLRTが15P〜、MRTが13P〜。そのほか定額
制のホテルタクシーやメータータクシーなどを活用しよう。
伝統的な馬車カレッサは、観光の場合1時間750P〜。

市民の暮らしにも
触れられる☆

2時間で巡る歴史的街並み
旧市街の
ヒストリカル散歩

16～19世紀にスペイン統治下にあったフィリピンには、
石畳の通りや重厚な教会など風情ある街並みが残る。
特にイントラムロス周辺は、写真映えする
ノスタルジックな景観がいっぱい！

街歩きの注意点

1 教会周辺には観光客目当ての客引きがいることもあるので注意。

2 暗くなってからの観光は、安全のために避けたほうがよい。

3 混雑している場所ではスリに気をつけて。

START

SPOT 1 【マラテ】
マラテ教会
Malate Church

イントラムロス
以外で最古の
石の教会！

**荘厳な雰囲気の
石造りの教会**

海岸近くに立つ重厚な石組みの教会。1762年にイギリスがマニラを占領した際にはイギリス軍の要塞に、太平洋戦争時にはアメリカや日本の収容所に使われた。

MAP 付録P9A3 ⊗LRTキリノ駅から徒歩11分 ㊀M.H. Dei Pilar St., Malate ☎02-8523-2593

上：賑やかな街
中で異彩を放つ
堂々たる教会
右：堂内には色
鮮やかなステン
ドグラスが

洗礼者ヨハネとの遭遇を
描いたステンドグラス

SPOT 3 【イントラムロス】
マニラ大聖堂
Manila Cathedral
徒歩2分

マニラで最も重要なカトリック教会

マニラのカトリック大司教の本拠地となる教会。1581年に造建されたが何度も再建を繰り返し、現在の建物は1958年に建てられた。

MAP 付録P9A1 ⊗LRTセントラル駅から車で12分 ㊀Cabildo Cor., Beaterio St., Intramuros ☎02-8527-3093

右：ドーム型の屋根をもつ
塔は周辺のランドマーク
下：トライシクルが走る

マニラのカト
リック信仰の
拠点！

徒歩6分

タクシー
で10分

SPOT 2 【イントラムロス】
サンチャゴ要塞
Fort Santiago

Historical!

近現代の歴史を見守り続けた要塞跡

1571年から150年の歳月をかけて建造。太平洋戦争で破壊されたが、その後修復され現在は公園になっている。英雄ホセ・リサールが幽閉されていた。

MAP 付録P9A1 ⊗LRTセントラル駅から車で13分 ㊀Gen., Luna St., Intramuros ☎02-8527-3155 ㊏8～20時 ㊡なし ㊅75P

左：敷地内にはリサール記念
館が併設されている 下：処
刑場に向かうホセ・リサール
の足跡を再現

敷地の奥には
収容所跡も
残っている

世界遺産の、バロック様式教会！

Majestic!

● ビノンド教会 　　キアポ教会　　サン・セバスチャン教会

パシグ川

● サンチャゴ要塞

● マニラ大聖堂
● カーサ・マニラ
● サン・アグスチン教会

UN通り

マラテ教会からはタクシーを使ってイントラムロスへ！

● マラテ教会

イントラムロス

SPOT4 サン・アグスチン教会
San Agustin Church

フィリピン最古の石造りの教会

1993年に世界遺産に登録されたバロック様式の教会群のひとつ。イントラムロスで建築当時の建物が残っているのはここだけ。

上：現存する石造りの教会としてはフィリピン最古 下：壁画で埋めつくされたアーチ形の天井が連なる

MAP 付録P9A2 ⊗LRTセントラル駅から車で14分 🚌Cen., Luna St., Corner Real St., Intramuros ☎02-8527-2746

徒歩すぐ

GOAL

イントラムロス

SPOT5 カーサ・マニラ
Casa Manila

石畳の路地にたたずむ博物館

19世紀半ばに建てられたコロニアル様式の家。ネオクラシック、ネオゴシックなどの様式を取り入れている。館内は当時の生活・文化を紹介する博物館になっている。

MAP 付録P9A1 ⊗LRTセントラル駅から車で13分 🚌Calle Real Cor., Cen., Luna St., Intramuros ☎02-8527-4084 🕘9～18時 🈡月曜 🈁75P

左：カーサとはスペイン語で家のこと 上：館内には噴水を配したパティオがある

時間があればこちらも行きたい！

チャイナタウン

ビノンド教会
Binondo Church

チャイナタウンのランドマーク

1596年にコロニアル様式の教会として建てられたが天災や戦災で破損。1972年に修復された。向かって右の鐘楼だけは創建当時のまま。MAP 付録P9A1 ⊗LRTカリエド駅から徒歩11分 🚌Plaza Calderon de la Barca, Binondo ☎02-8242-4850

キアポ

キアポ教会
Quiapo Church

毎年1月には盛大な祭りが開催される

ブラック・ナザレと呼ばれる黒いキリスト像で知られる。1月9日のブラック・ナザレの祭りは、十字架と聖像が載った山車が街を練り歩く。MAP 付録P9B1 ⊗LRTカリエド駅から徒歩5分 🚌910 Plaza Miranda, Quiapo ☎02-8733-4945

キアポ

サン・セバスチャン教会
San Sebastian Church

天高くそびえる白い尖塔が見事

17世紀に建てられた教会だが、現在の建物は1891年に完成。鉄骨を使った教会としてはアジアで最古、世界でも2番目に古いといわれる。MAP 付録P9B1 ⊗LRTカリエド駅から徒歩14分 🚌Del Carmen, Quiapo ☎02-8734-8908

CHECK!

お買い物も、お散歩も楽しい

マニラの2大ショッピングスポット

マニラでショッピングをするなら、SMモール・オブ・アジアと
アヤラ・センターがおすすめ。どちらも買い物だけでなく食も充実。
周辺をぶらぶら散歩するのも気持ちいい！
※掲載の商品情報は2023年4月現在のものです。

シーサイドには
レストランや
遊園地が並ぶ

アジア最大級のショッピングモール

パサイ

SMモール・オブ・アジア
SM Mall of Asia

メインモールを中心に4つの棟からなり、ファ
ッションやアクセサリー、雑貨など600店以上
が集結。海沿いでは夕日を眺める人々も。

MAP 付録P8A4 ㊇LRTエドサ駅から車で10分。メトロ・マ
ニラ中心部からはメータータクシーで約1時間、マカティ
からは約40分 ㊷SM Central Business Park, Bay City, Pasay
☎02-8556-0680 ㊐10～22時。店舗により異なる ㊡
なし URL www.smmallofasia.com

服やバッグ、靴など
のファッションが
充実しているのは
メインモール。ノー
スウイングにはス
ーパーがある。

マニラ湾

エンターテインメントモール

サウスウイング　メインモール　ノースウイング

✧ 地元女子大好き！ フィリピンブランド ✧

レガッタ
Regatta

海をイメージさせるデザインを中心
に、カジュアルなウェアがそろう。バ
ッグやサンダルなどの小物も明るめ
カラーが多い。☎0939-910-1047
㊐10～22時 ㊡なし ㊤

1：レガッタ定番のスト
ライプシャツ695P
2：爽やかに着こなした
いショートパンツ
795P

バヨ
Bayo

フィリピン全土に展開するカジュア
ルブランド。ビタミンカラーのポップ
なデザインの服が充実している。
☎02-8856-0083 ㊐10～22時
㊡なし ㊤

1：リサイクルプラスチ
ックを使用1595P
2：きれいめカラーのノ
ースリーブ1395P

クルトゥラ
Kultura

メイド・イン・フィリピンにこだわった
雑貨店。自然素材を使ったバッグ
や民芸品、Tシャツなどが豊富。食
品も並ぶ。☎02-8556-0417 ㊐10
～22時 ㊡なし ㊤

1：アカシアを使ったプ
レート299.75P
2：イフガオ族伝統のフ
ァブリックが魅力

ひと休みならこちら！

シャカ Shaka

華やかなスムー
ジーボールのほ
かサンドイッチ
やハンバーガー
など軽食が食べ
られる。
☎0936-960-
5971 ㊐9～21時
㊡なし ㊤㊥

濃厚なスムー
ジーボール
350P～

ビビンキニタン
Bibingkinitan

フィリピン伝統のライ
スケーキ、ビビンカの
専門店。ほんのり甘く
てクセになる味。1個
25P。
☎なし ㊐10～22時
㊡なし ㊤㊥

まとめ買いしていく人の姿も

エルメスなど
高級ブランドの
ブティックも♪

ショップが多いのはグリーンベルト、ばらまきみやげならランドマークへ。カジュアルな小物などはグロリエッタが充実。

観光&ビジネスの中心地!

［パサイ］
アヤラ・センター
Ayala Center

マカティの中心に位置するアヤラ・センターには、ショッピングモールや高級ホテルが集まる。グリーンベルト、グロリエッタを中心に散策!

MAP 付録P10A3・B3 ⊗MRTアヤラ駅からすぐ ⊕Ayala Center, Makati ☎施設により異なる ⑧グリーンベルト11～21時（金・土曜は～22時）、グロリエッタ10～21時（金・土曜は～22時）など。施設により異なる ⑭なし

街歩きの起点となるアヤラ駅

✧*✦ 自分みやげに♡ フィリピン雑貨✧✦

［グロリエッタ3］ ［革製品］
フィノ・レザーウェア
Fino Leatherware

30年以上の歴史をもつ革製品の専門店。黄や緑、赤などビビッドな色彩のアイテムも。⊗MRTアヤラ駅から徒歩7分 ⊕GF, Glorietta3, Ayala Center, Makati ☎02-8892-4807 ⑧10～21時（金～日曜は～22時）⑭なし ⑱

1：大容量のボックス型コインケース1295P
2：色がかわいいショルダーポーチ3250P

［グロリエッタ1］ ［雑貨］
アートワーク
Artwork

店内には世界中のアーティストがデザインした個性的なTシャツやポーチなどが並ぶ。⊗MRTアヤラ駅から徒歩7分 ⊕GF, Glorietta1, Ayala Center, Makati ☎02-7621-1160 ⑧10～21時（土・日曜は～22時）⑭なし ⑱

1：キモかわキャラクターのTシャツ429.75P
2：デザイン豊富なコイン・バース各169.75P

［グロリエッタ1］ ［雑貨］
パペメルロティ
Papemelroti

メルヘンチックなギフトボックスや、シンプルで機能性の高い文具などがそろう。⊗MRTアヤラ駅から徒歩5分 ⊕2F, Glorietta1, Ayala Center, Makati ☎02-7933-6905 ⑧10～21時（金・土曜は～22時）⑭なし ⑱

1：ファンシーな絵柄のノート各49P 2：イラストセンスのよいペーパーボックス49P

ひと休みならこちら!

［グリーンベルト5］ ［インターナショナル］
シングル・オリジン
Single Origin

窓の外にヤシの木が茂る優雅なカフェ&レストラン。夜はワインやカクテルも。⊗MRTアヤラ駅から徒歩10分 ⊕GF, Greenbelt5, Ayala Center, Makati ☎0977-390-0429 ⑧7～24時 ⑭なし ⑱

ミックスベリーのワッフル450P

［グリーンベルト5］ ［フィリピン料理］
メサ Mesa

味も見た目もモダンにアレンジされたフィリピン料理がおいしいと評判。⊗MRTアヤラ駅から徒歩10分 ⊕GF, Greenbert5, Ayala Center, Makati ☎02-7576-2991 ⑧11～23時 ⑭なし ⑱

フィリピン全土に支店をもつ

フィリピンのごちそうは海の幸！

新鮮！絶品！シーフード

栄養豊かな海に囲まれたフィリピンには、
シーフードが自慢の店がいっぱい。地元でも評判の
レストランで、新鮮魚介をお腹いっぱい楽しもう。

必食メニュー
スパイシー・クラブ
430P（100g）。量り売
りのカニやエビは、お
好みの味付けで調理。

メトロ・マニラ中心部

ハーバー・ビュー・レストラン
Harbor View Restaurant

1985年創業の老舗シーフードレスト
ラン。マニラ湾に突き出した桟橋に
テーブルが並び、潮の香りとともに
食事を楽しめる。マニラ湾の夕日を
眺めながら過ごせる時間帯が人気。
MAP 付録P9A2 ⊗LRTピト・クルス駅
から車で5分 ⊕ South Gate A, Rizal
Park, Manila ☎02-8710-0060 ⊕11
～22時 ⊛なし ⊠百亜

1：眺めのよい桟橋の席
帯はロマンティック **2**：上品な白身魚、
スパイシー・キングフィッシュ88P（100g）

3

料理のスパイスに、マニラ湾の鮮烈サンセット
1
2

素材の味を生かすパンパンガの郷土料理

メトロ・マニラ中心部

\\\ MUST EAT! ///

ビストロ・レメディオス
Bistro Remedios

マニラの北部にあるパンパンガ地方の料理をそろえた一軒
家レストラン。魚介はもちろん、肉や野菜もふんだんに使っ
た料理は、素材の味をダイレクトに味わえるのが魅力。
MAP 付録P9A3 ⊗レメディオス・サークルから徒歩1分
⊕1911 M. Adriatico St., Malate ☎02-8573-1273 ⊕11～
23時 ⊛なし ⊠亜

1：ティラピアを揚げたクリス
ピー・ブラブラ535P **2**：アン
バラヤ・サ・ヒボン355P
3：バンブー・ライス425P

必食メニュー
豚足をじっくり揚げたノックアウ
ト・ナックルズ875P。旨味たっ
ぷりの人気メニュー。

スペイン風のインテリアに飾
られた異国情緒あふれる店内

[マカティ]
フェリー・ジェイズ・キッチン
Fely J's Kitchen

パンパンガ地方の郷土料理を中心に、見た目も美しくアレンジしたフィリピンの家庭料理を味わえる店。レトロな雰囲気の店内も落ち着いて過ごせると評判。

MAP 付録P10A3 ⊗MRTアヤラ駅から徒歩10分 ⊕2F, Greenbelt 5, Ayala Center, Makati ☎02-7728-8858 ⊕11～21時（金～日曜は～22時）⊕なし ⓔ

店名にもフェリー・ジェイ氏の写真が飾られている

必食メニュー
ニンニク風味が食欲をそそるフェリー・ジェイズ・テンプル・クラブ 275P(100 g)。

伝統の味にひと工夫を加えた秘伝のレシピ

[メトロ・マニラ南部]
やなぎ
Yanagi

カジノを併設したマイダス・ホテル＆カジノ内の和食店。刺身盛り合わせ395P～や上寿司730P～など定番のほか、ソフトシェルクラブやマンゴーなどを使う創作系メニューも食べられる。

MAP 付録P8A4 ⊗MRTエドサ駅から徒歩10分 ⊕Midas Hotel & Casino, 2702 Roxas Blvd., Pasay ☎02-7902-0100 ⊕11時30分～14時30分、18～22時 ⊕なし 回 ⓔ 回 ⓔ

1：カウンターに座って鉄板焼きを味わうこともできる
2：広々とした店内には半個室も用意

日本では見られない創作和食がおもしろい！

必食メニュー
一番人気はジューシーなエビ天に甘いマヨネーズソースを絡めた天ぷら巻き600P

[メトロ・マニラ南部]
レッド・クラブ・アリマンゴ・ハウス
The Red Crab Alimango House

モダンな空間でシーフードを味わえる高級店。フィリピンと中華料理の味付けが基本だが、名物のマッドクラブは12種、カキは11種の味付けから選べる。

MAP 付録P8B4 ⊗ニノイ・アキノ国際空港から車で5分 ⊕4F, Newport Mall, Newport City, Pasay ☎02-8834-6922 ⊕11～23時 ⊕なし ⓔ ⓔ

必食メニュー
生きたままの新鮮なカニを調理。値段は重さにより異なる。399P (100g)、写真は900g。

新鮮魚介を好みの味で豪快に調理

ショウガが香るスープはアサリの旨味たっぷり348P

広いテーブルを配した落ち着いた雰囲気の店

[メトロ・マニラ中心部]
ウノ・シーフード・ワーフ・パレス
Uno Seafood Wharf Palace

駐在員のなかでも味に定評がある老舗の中華料理店。メニュー数が多く、魚介を中心に肉や野菜料理もそろっている。どの料理もボリュームがあるので注文し過ぎないように気をつけて。

MAP 付録P9A1 ⊗LRTカリエド駅から徒歩7分 ⊕270 Escolta St., Calvo Bldg., Binondo ☎02-8241-0139 ⊕10時～14時30分、16時30分～21時30分 ⊕なし ⓔ 回回

1：円卓が並ぶ店内は地元客で賑やか
2：平打ちの米粉麺も魚介や野菜と炒めたシーフード・ホーファン440P

必食メニュー
大ぶりのエビは蒸してプリプリの食感を楽しむ。ガーリックソースを絡めて。180P　1尾

素材のよさを引き出すシンプルな中国料理

1：マニラ湾にせり出すデッキの入口
2：夕方は混み合うので、早めにテーブルをおさえたい

ナイトライフを彩る絶景

ロマンティックな 夕景＆夜景レストラン

マニラのナイトライフは、世界三大夕日と
いわれるマニラ湾のサンセットからスタート。
ダイナミックな夕景を楽しんだら、
輝く夜景を楽しめるホテルのレストラン＆バーへ！

海に浮かぶ、
屋外の席を
キープ！

目の前に沈むドラマチックな夕日に感激！

A

1日の終わりは
マニラ湾のサンセットに乾杯♪

雄大なマニラ湾を間近に感じる贅沢ロケーション

B

1：宿泊客以外の利用者も多いので早め
に訪れて　2：ディナータイムはステージ
でフィリピンの伝統舞踊ショーを開催

A メトロ・マニラ中心部　レストラン＆バー

ホワイト・ムーン・バー
White Moon Bar

マニラ湾に面して立つH2Oホテルの2
階にあるレストラン＆バー。海にせり出
したデッキが夕日観賞の好スポット。グ
ラスを片手に優雅な時間を過ごしたい。
MAP付録P9A2 ⊗LRT国連通り駅から車
で5分 ⊕Manila Ocean Park Complex,
Behind Quirino, Grandstand Luneta,
Manila ☎02-8238-6100 働16〜24時
働なし 英 英

B パサイ　レストラン＆バー

ココス
Cocos

夕景の美しさで知られるホテル、ソフィ
テル・フィリピン・プラザのプールサイド
バー。太陽が少しずつ傾き海がオレン
ジ色に染まり始めると、海沿いのガー
デンに多くのゲストが集まる。
MAP付録P8A3 ⊗LRTヒル・プヤット駅か
ら車で10分 ⊕Hソフィテル・フィリピン・
プラザ（→P112）内 ☎02-8573-5599 働11
時〜21時30分 働なし 英 英

Yummy!

夕日に映える美しいカクテルは500P〜

skyscraper city!

マニラの夜には
スイートなカク
テルもおすすめ

眠らない街、マカティのきらめくナイトシーン

C

輝く夜景を眺め
ながらいただく
お酒は格別！

国際都市マニラの、
キラッキラ夜景を一望！

360度の夜景を
独り占めする絶景バー

D 新市街と旧市街の両方の景色を楽しめるロケーション

45階から見下ろす、
宝石のように輝くビル群

E お酒の種類は豊富。オリジナルのカクテルも用意されている

C 〔マカティ〕 〔レストラン&バー〕

ファイヤーフライ・
ルーフ・デッキ
Firefly Roof Deck

ホテルの32階から、高層ビルが立ち並
ぶマカティの夜景を一望。夜風が気持
ちいいオープンエアのテラス席が人気
で、見晴らしのいい端の席から埋まる。
MAP 付録P10B1 ⊗MRTアヤラ駅から車で15
分 ⊕32F, City Garden Grand Hotel, Makati
Ave., Makati City, Manila ☎02-8554-3429
⊕7時～翌2時 ⊛なし ⊛

D 〔メトロ・マニラ中心部〕 〔レストラン&バー〕

スカイ・デッキ・ビュー・バー
Sky Deck View Bar

イントラムロスに立つホテルの最上階の
レストラン。新市街から旧市街まで360
度のシティービューを楽しめる。早い時
間ならマニラ湾の夕日も眺められる。
MAP 付録P9A2 ⊗LRTセントラル駅から
車で10分 ⊕The Bayleaf Intramuros, Muralla
Corner Victoria St., Intramuros Manila
☎02-5381-5000 ⊕16～23時 ⊛なし
⊛

E 〔オルティガス〕 〔バー〕

ビューズ・スカイ・バー&ラウンジ
Vu's Sky Bar & Lounge

マルコ・ポーロ・オルティガスの45階に
あるルーフトップバー。ネオンに飾られ
た夜のシティービューを堪能できる。ス
タイリッシュなインテリアも素敵！
MAP 付録P8B2 ⊗MRTオルティガス駅から
車で5分 ⊕45F Marco Polo Ortigas, Meralco
Ave., Sapphire St., Ortigas Center, Pasig,
Manila ☎02-7720-7777 ⊕17時～翌1時
（金～土曜は～翌2時）⊛なし ⊛

まだある！
マニラ の 注目スポット

話題のレストランやカフェが多いのは
メトロ・マニラ中心部とマカティ。
大型のショッピングモールもチェック！

📷 見る ｜ ボニファシオ・グローバル・シティ ｜ MAP 付録P8B3

メトロポリタン美術館
Metropolitan Museum

歴史とともにフィリピンアートに触れる

フィリピンの絵画や伝統工芸を企画展示する美術館。常設展も充実しており、なかでも人気なのは中央銀行所有の金製品。プレ・コロニアルの貴重な宝飾品がそろう。 DATA ⓂMRTアヤラ駅から車で10分 ⓐMK Tan Centre, 30th St. Corner 9th Ave., BGC, Taguig ☎0917-160-9667 ⊙10〜16時 ㊡日・月曜 ㊰無料 ♿

📷 見る ｜ マカティ ｜ MAP 付録P10A3

アヤラ博物館
Ayala Museum

精密に造られたジオラマは必見

ガラス張りのモダンな建物に、石造りの展示棟がつながる造りが面白い。展示棟にあるフィリピンの歴史を再現した63のジオラマは、精巧で一見の価値あり。 DATA ⓂMRTアヤラ駅から徒歩8分 ⓐMakati Av., Cor.De La Rosa St., Greenbelt Park, Ayala Center, Makati, Manila ☎02-8759-8288 ⊙10〜18時 ㊡月・火曜 ㊰650P

上：グリーンベルトからアクセスできる好ロケーション
下：重厚な雰囲気の展示棟。若いアーティストの作品も見られる

🚩 遊ぶ ｜ パサイ ｜ MAP 付録P8B4

ニューポート・ワールド・リゾート
Newport World Resort

カジノを中心としたエンタメ施設

フィリピン初の観光経済特区ニュー・ポート・シティにある商業施設。24時間営業のカジノのほか、ナイトクラブや劇場などが入る。レストランやカフェ、ハイブランドのブティックなども充実。マキシムズなどのホテルも。 DATA ⓐNewport Blvd., Newport City, Pasay, Manila ☎02-7908-8888 ⊙24時間 ㊡なし

上：VIP専用のプライベートゲームエリアにはバーやラウンジも
下：空港第3ターミナルの目の前というロケーションも魅力

🍴 食べる ｜ メトロ・マニラ中心部 ｜ MAP 付録P8A3

シンギング・コックス＆ウェイターズ
The Singing Cooks & Waiters

スタッフが歌って踊るショーレストラン

歌って踊れるコックやウェイターが出迎えてくれるユニークなフィリピン料理レストラン。スタッフ総出のショータイムは迫力満点。 DATA ⓂLRTヒル・プヤット駅から徒歩10分 ⓐRoxas Blvd., Cor., Buendia, Pasay City, Manila ☎02-8832-0658 ⊙11〜15時、18〜23時 ㊡なし ♿

🍴 食べる ｜ メトロ・マニラ中心部 ｜ MAP 付録P9A3

カフェ・アドリアティコ
Cafe Adriatico

料理も美味しいシックなカフェ

コーヒーの香りが漂う店内は、照明が暗めの落ち着いた雰囲気。アルコールや料理の種類が多く使い勝手がよい。手作りケーキもおすすめ。 DATA Ⓜレメディオス・サークル内 ⓐ1790 M. Adriatico St., Remedios Circle, Malate, Manila ☎02-8891-5202 ⊙7〜22時 ㊡なし ♿

🍴 食べる ｜ メトロ・マニラ中心部　　[MAP] 付録P9A2

イルストラード
Ilustrado

歴史ある一軒家レストラン

古い洋館を改装したレストラン。格調高いインテリアの落ち着いた店内では、パエリア1092Pなど、フィリピン風にアレンジされたスペイン料理を提供する。[DATA] 🚕LRTセントラル駅から車で9分 ⊕General Luna St, Intramuros, Manila ☎02-527-3674 ⊕8〜20時(日曜、祝日は〜18時) ⊛なし 英 英

🍴 食べる ｜ メトロ・マニラ中心部　　[MAP] 付録P9A2

バルバラス
Barbara's

スペイン料理を伝統芸能と堪能

スペイン様式の建物を改装したきらびやかな店内では、スペイン料理とフィリピン料理がいただける。19時からは伝統ダンスショーを開催。[DATA] 🚕LRTセントラル駅から車で9分 ⊕Plaza San Luis Complex General Luna St., Intramuros, Manila ☎02-8527-4083 ⊕11〜14時、18時30分〜20時30分 ⊛なし 英 英

🍴 食べる ｜ マカティ　　[MAP] 付録P10A3

セントロ1771
Sentro 1771

盛り付けも美しいフィリピン料理

モダンにアレンジされた料理が評判の人気店。フィリピン料理の新しい表現に触れられる。名物のシニガンは注文ごとに好みの酸味で調理してくれる。[DATA] 🚇MRTアヤラ駅から徒歩10分 ⊕2F Greenbelt 3, Ayala Center, Makati, Manila ☎02-7757-3941 ⊕11〜21時 ⊛なし 英 英

🍴 食べる ｜ マカティ　　[MAP] 付録P10A3

サラ・ビストロ
Sala Bistro

特別な日にも使い勝手のよいレストラン

地中海料理の名店サラのカジュアルライン。本店の優雅な雰囲気はそのままに、ワンプレート料理など手軽なメニューを用意している。[DATA] 🚇MRTアヤラ駅から徒歩10分 ⊕GF, Garden Side Greenbelt3, Ayala Center, Makati, Manila ☎02-7729-4888 ⊕11〜22時 ⊛なし 英 英

🍴 食べる ｜ マカティ　　[MAP] 付録P10A3

エイト・カッツ・バーガー
8 Cuts Burgers

牛肉の風味をダイレクトに感じる王道バーガー

ハンバーガーブームのフィリピンで店舗を増やしている人気店。肉厚バテのハンバーガーのほか、ライス付きフライドチキンやポークチョップなども食べられる。[DATA] 🚇MRTアヤラ駅から徒歩10分 ⊕GF, Greenbelt2, Ayala Center, Makati, Manila ☎0919-084-5747 ⊕11〜20時(金・土曜は〜21時) ⊛なし 英 英

上:グリーンベルト1の中庭に面し、テラスで食事が気持ちいい
下:とろけるチェダーチーズがパテに絡むチャンピオン453P

🍴 食べる ｜ パサイ　　[MAP] 付録P8A4

アルバ
Alba

60年以上にわたり愛される老舗レストラン

市内に4店舗を構える、1952年創業の本格スペイン料理店。選べるタパスやスープ、メインなどを組み合わせたセットメニューは8種類あり950〜1400P。[DATA] 🚇MRTエドサ駅から車で5分 ⊕Prism Plaza, TwoECom Center, Harbor Dr., MOA Complex, Pasay, Manila ☎02-8808-8210 ⊕11〜23時 ⊛なし 英 英

🎁 買う ｜ ボニファシオ・グローバル・シティ　　[MAP] 付録P8B3

ボニファシオ・ハイ・ストリート
Bonifacio High Street

若者が集まるショッピングモール

開発が進むフォート・ボニファシオにある、オープンエアのショッピングモール。通路の両側に、ファッションや雑貨の店、レストラン、カフェなどが並ぶ。夕方になると地元の若者が増え賑やかになる。[DATA] 🚇MRTアヤラ駅から車で10分 ⊕Bonifacio High Street,Taguig City,Manila ⊕店舗により異なる ⊛なし

居心地のよさを追求した空間

マニラの贅沢ホテルステイ
── Manila Resort Hotel ──

老舗ホテルのリノベーションに加え、新しいホテルも増えているマニラ。新旧の街並みが融合した
メトロ・マニラ中心部と、ショッピングスポットが集まるマカティが便利！

和をテーマにした
世界で人気の高級ホテル

注目！
モダンホテル

Luxury

check!
世界のセレブを虜にす
るノブのモダンジャパ
ニーズをお試しあれ。
人気なので予約必須！

パラニャーケ

ノブ・ホテル・シティ・オブ・ドリームズ
Nobu Hotel City of Dreams

世界中で人気のレストラン「ノブ」が手がけ
るホテル。和をテーマにしたアーティステ
ィックな空間が評判を呼んでいる。エンタ
メ施設シティ・オブ・ドリームズ内にあり
レストランの選択肢は豊富。

MAP 付録P8A4 ⊗ニノイ・アキノ国際空港から車で
20分 ⊕Asean Ave., Corner Roxas Blvd., Entertainment
City, Paranaque, Manila ☎02-8800-8080
⊛電話で問い合わせまたはHP参照 客室数321室
URL www.nobuhotelmanila.com

主な施設とサービス 屋外プール、スパ、フィットネス
センター、ベビーシッティングサービス、24時間ルー
ムサービス、インターネット無線LAN接続
レストラン&バー ノブ・レストラン（日本料理）、ノブ・
ラウンジ（バー）※シティ・オブ・ドリームズ内に飲
食店あり

1：68㎡の空間で優雅に過ごせるノブ・スイート　2：ノブ・スイートのリビングエリア　3：カジノやレストラン、ショップなどが入ったシティ・オブ・ドリームズ　4：世界で最も有名な日本食レストランのひとつ

check!
フィリピン随一の高層ホテルから望むシティビューは最高。レストランからも絶景が！

メトロ・マニラを見下ろす
高層のランドマーク

タギグ

グランド・ハイアット・マニラ
Grand Hyatt Manila

フィリピンで最も高い66階建てのラグジュアリーホテル。客室は床やインテリアに高級木材を使った豪奢なデザインで、落ち着いた雰囲気。ハイレベルなレストラン＆バーだけでも訪れる価値あり。

MAP 付録P8B3　⊗ニノイ・アキノ国際空港から車で35分　⊕8th Ave. Corner 35th St., Bonifacio Global City, Taguig　☎02-8838-1234　⊛電話で問い合わせまたはHP参照
客室数 461室 URL www.hyatt.com

主な施設＆サービス 屋外プール、フィットネスセンター、スパ、ビジネスセンター、インターネット無線LAN接続
レストラン＆バー グランド・キッチン（インターナショナル）、No.8チャイナ・ハウス（中国料理）、プール・ハウス（バーベキュー）、ピーク（グリル料理）

1：ピアノの演奏を聞きながら過ごせる優雅なラウンジ　2：ダブルベッドが2台入る広々としたグランド・ダブル　3：6階のプールサイドではバーベキューも楽しめる

パサイ

ヒルトン・マニラ
Hilton Manila

空港至近のニューポート・シティに立つホテル。伝統的な建築様式をモダンにアレンジしたインテリアが印象的。塩水のラグーンプールを備え、開放的なプールサイドではリゾート気分を味わえる。

MAP 付録P8B4　⊗ニノイ・アキノ国際空港から徒歩10分　⊕1 Newport Blvd., Newport City, Pasay　☎02-7239-7788　⊛電話で問い合わせまたはHP参照
客室数 357室 URL www.hilton.com

主な施設とサービス 屋外プール、フィットネスセンター、ビジネスセンター、ベビーシッティングサービス、インターネット無線LAN接続
レストラン＆バー フア・ユエン（中国料理）、クシーナ・シー・キッチン（シーフード料理）、フリースタイル・プールバー（バー）、マディソン・ラウンジ＆バー（バー）

check!
レストランやクラブ、カジノなどが入ったモールへも歩いてすぐの好ロケーション。

空港から徒歩圏内！
利便性のよさは抜群

1：新鮮な魚介を使った上海料理を味わえるフア・ユエン　2：スタンダードルームはパイナップルの葉の壁紙に注目！　3：ジャクジー付きのラグーンプールは22時まで利用可

空港至近の
コンテンポラリー
ホテル

check!
カジノやレストラン、ショップなどが入るニューポート・ワールド・リゾート直結なので便利！

1：周囲を見渡せるプール
2：エグゼクティブ・デラックス

バサイ

マニラ・マリオット・ホテル
Manila Marriott Hotel

空港第3ターミナル前に立つスタイリッシュホテル。モダンなデザインで統一され、客室もシックな家具を配した快適な空間。

MAP 付録P8A4 ⊗ニノイ・アキノ国際空港から車で5分
⊕2 Resorts Dr., Newport World Resorts, NCR-Fourth District, Barangay 183, Pasay, Manila ☎02-8988-9999 ⑭デラックス1万2000P〜、エグゼクティブ・デラックス1万5600P〜、エグゼクティブ・スイート1万7000P〜ほか 客室数 570室 URL www.marriott.com

主な施設とサービス 屋外プール、フィットネスセンター、スパ、サウナ、ジャクジー、テニスコート、ビジネスセンター、インターネット無線LAN接続、24時間ルームサービス
レストラン&バー クリュ（ステーキ・ハウス）、マリオット・カフェ（インターナショナル）、ラウンジ（軽食）、クレマ（カフェ）

バラニャーケ

ソレア・リゾート＆カジノ
Solaire Resort & Casino

マニラ湾の新興エリアに立つホテル。客室の大きな窓からはマニラ湾を一望できる。1階のカジノを囲むダイニング・アベニューには国際色豊かなレストランが並ぶ。

MAP 付録P8A4 ⊗ニノイ・アキノ国際空港から車で20分
⊕N1 Asean Ave., Entertainment City, Tambo, Paranaque City, Manila ☎02-8888-8888 ⑭電話で問合せまたはHP参照 客室数 850室 URL www.solaireresort.com

主な施設とサービス 屋外プール、フィットネスセンター、スパ、ジャクジー、24時間ルームサービス、カジノ、インターネット無線LAN接続
レストラン&バー フィネストラ（イタリア料理）、レッド・ランタン（中国料理）、ヤクミ（日本料理）、キワ（韓国料理）

マニラ湾を一望する
カジノリゾート

check!
1万8500㎡のスペースにスロットやゲームテーブルなどが並び気軽にカジノを体験できる。

1：豪華絢爛なロビーが休へ誘う 2：リビングが備わるプレステージ・スイート

施設も充実した
デザインホテル

check!
床が透明なグラスボトムプールはスリル満点。鳥かごモチーフのソファも印象的なデザイン。

1：夜のプールは大人の雰囲気 2：眺めのいいプレミアム・スイートの寝室

マカティ

アイム・ホテル
I'M Hotel

アートのようなコンテンポラリーデザインが印象的なシティホテル。街を見下ろすプールや地元でも人気のスパ、ルーフトップバーなどハイレベルな施設がそろう。

MAP 付録P10B1 ⊗ニノイ・アキノ国際空港から車で35分
⊕7862 Makati Ave., Makati 1210, Manila
☎02-7755-7888 ⑭電話で問い合わせまたはHP参照
客室数 424室 URL imhotel.com

主な施設とサービス 屋外プール、スパ、フィットネスセンター、インターネット無線LAN接続 レストラン&バー コモン・グッド（インターナショナル）、マーメイド・プール・バー（バー）、アンチドーテ（バー）

各国のセレブをもてなした
クラシックホテル

check!
フレンチの名店シャンペン・ルームや1970年代から営業しているタップ・ルーム・バーへ。

メトロ・マニラ中心部

マニラ・ホテル
Manila Hotel

1912年に創業したコロニアルデザインのホテル。巨大なシャンデリアに飾られたクラシカルなロビーに圧倒される。客室はシックな家具を配し、なかでも夕陽を望むベイサイドの部屋が人気。

MAP 付録P9A2 ⊗LRT国連通り駅から車で15分 ⊕One Rizal Park, Manila ☎02-8527-0011 ⏰電話で問合せまたはHP参照 客室数 512室 URL manila-hotel.com.ph

🔒❄🛫👡🏊🛏️SⓇ🛁☕

主な施設とサービス 屋外プール、子供用プール、フィットネスセンター、スパ、ジャクジー、24時間ルームサービス、ビジネスセンター、インターネット無線LAN接続
レストラン&バー シャンペン・ルーム（フランス料理）、レッド・ジェイド（中国料理）、カフェ・イランイラン（インターナショナル）、タップ・ルーム・バー（バー）

1：シャンデリアが飾られた歴史を感じさせるロビー　2：プレジデンシャル・スイートの豪奢なベッドルーム　3：新館と旧館に分かれる

マンダルヨン

エドサ シャングリ・ラ
Edsa Shangri-La Manila

マカティに続く商業都市、マンダルヨンに立つ。マニラ随一の広大なラグーンプールは、緑鮮やかなヤシの木に囲まれ都心にいることを忘れさせてくれる。

MAP 付録P8B3 ⊗ニノイ・アキノ国際空港から車で45分 ⊕1650 1 Garden Way, Ortigas Centre, Mandaluyong City, Manila ☎02-8633-8888 ⏰電話で問い合わせまたはHP参照 客室数 631室 URL www.shangri-la.com/jp

🔒❄🛫👡🏊🛏️SⓇ🛁☕

主な施設とサービス 屋外プール、子供用プール、フィットネスセンター、スパ、テニスコート、ベビーシッティングサービス、ビジネスセンター、24時間ルームサービス、インターネット無線LAN接続
レストラン&バー ヒート（インターナショナル）、センジュ（日本料理）、サマー・パレス（中国料理）、プールバーほか

check!
シャングリ・ラ・モールとも直結しているのでレストランやショップの選択肢が豊富。

1：スタンダードなタワーウイング・デラックスでも34㎡の広さがある　2：中国の伝統的な癒しの哲学を取り入れたCHIスパ　3：マニラ市街にあるとは思えない広々としたプール

居心地のよさを追求した
洗練のシティリゾート

【マカティ】

ペニンシュラ・マニラ
The Peninsula Manila

エントランスに足を踏み入れた瞬間、ゴージャスな吹き抜けのロビーが異空間へ誘う。館内はコロニアル調をベースにモダンスタイルを取り入れたデザイン。[MAP]付録P10B3 ⊗MRTアヤラ駅から徒歩8分 ⊕Cor. of Ayala & Makati Ave., Makati, Manila ☎02-8887-2888 ㉔スーペリア1万6000P〜、デラックス1万7000P〜 [客室数]469室 [URL]www.peninsula.com/manila/jp

check! コロニアルスタイルの建物はマカティのランドマーク。正面の噴水前は記念撮影ポイント。

【主な施設とサービス】屋外プール、フィットネスセンター、スパ、ベビーシッティングサービス、24時間ルームサービス、ビジネスセンター、インターネット無線LAN接続、日本語スタッフ 【レストラン&バー】オールド・マニラ（モダンヨーロッパ料理）、スパイシーズ（アジア料理）、エスコルタ（インターナショナル）、ザ・ロビー（軽食）

1：開放的な吹き抜けのロビーは圧巻 2：リラックスできるシンプルな客室

【マカティ】

デュシタニ・マニラ
Dusit Thani Manila

タイを代表するホテルチェーン。上質な家具を配した客室はシックな雰囲気。施設も充実しており、特にデバラナ スパは世界的にも評価が高い。[MAP]付録P10B4 ⊗MRTアヤラ駅から徒歩5分 ⊕Ayala Centre, Makati, Manila ☎02-7238-8888 ㉔デラックス1万900P〜、クラブ・プレミア1万2500P〜、クラブ・エグゼクティブ・スイート1万4500P〜 [客室数]500室 [URL]www.dusit.com/ja

【主な施設とサービス】屋外プール、子供用プール、フィットネスセンター、スパ、24時間ルームサービス、インターネット無線LAN接続 【レストラン&バー】ベンジャロン（タイ料理）、ウム（日本料理）、パントリー（インターナショナル）

1：上品なインテリアでまとめられた客室 2：ラグジュアリーなデザインのロビー

check! タイの宮廷料理を味わえる「ベンジャロン」は、マニラ随一のタイ料理レストランと評判。

【パサイ】

ソフィテル・フィリピン・プラザ
Sofitel Philippines Plaza

マニラ湾に面したホテルは、サンセットを楽しむのに最適なロケーション。多国籍料理が楽しめるレストランやスパなど施設も充実。[MAP]付録P8A3 ⊗フィリピン文化センターから車で5分 ⊕CCP Complex, Roxas Blvd., Pasay City, Manila ☎02-8573-5555 ㉔スーペリア1万2800P〜、ラグジュアリー・クラブ2万6100P〜 ほか [客室数]609室 [URL]www.sofitel.com

【主な施設とサービス】屋外プール、子供用プール、フィットネスセンター、スパ、24時間ルームサービス、ビジネスセンター、インターネット無線LAN接続 【レストラン&バー】スパイラル（インターナショナル）、ココス（バー）

1：クラシックなデザインの客室でのんびり 2：マニラ湾を望むレストラン、スパイラル

check! 「スパイラル」ではフランス人シェフが監修する自慢の料理をビュッフェで味わえる。

【メトロ・マニラ中心部】

ダイヤモンド・ホテル
Diamond Hotel Philippines

日本の要人が宿泊することで知られる由緒正しきホテル。モダンなインテリアを備えた客室は、全室からマニラ湾を一望。[MAP]付録P9A3 ⊗LRTペドロ・ヒル駅から徒歩13分 ⊕Roxas Blvd., Cor. Dr.J Quintos St., Manila ☎02-8528-3000 ㉔デラックス1万8900P〜、デラックス・リージェンシー2万100P〜、エグゼクティブ・スイート2万6800P〜 ほか [客室数]428室 [URL]www.diamondhotel.com

【主な施設とサービス】屋外プール、フィットネスセンター、スパ、ジャクジー、テニスコート、24時間ルームサービス、ビジネスセンター、インターネット無線LAN接続 【レストラン&バー】コーニチェ（インターナショナル）、有楽園（日本料理）、ロビー・ラウンジ（軽食）、バー27（バー）

1：滝の音が耳に心地よいプール 2：モダンなインテリアを配し落ち着けるデラックス

check! 27階にあるその名も「バー27」は眺めがよく夕日の時間帯はゲストで賑わう。夜景も◎！

マニラ発！オプショナルツアー

マニラ市内のオプショナルツアーは、歴史建築を巡ったり、ショッピングを楽しんだりするシティツアーが人気。専用車をチャーターしたリクエストベースのツアーもおすすめ。

A 安心の専用車チャータープラン（日本語ガイド付き）

運転手付きの専用車を貸し切って、好きな時間に好きな場所へ！日本語ガイドが同乗するので、自分たちでは行きにくいレアなスポットを案内してもらってもいいかも？

|出発|自由
|所要時間|4時間
|催行日|毎日
㊎US$175～

利用人数によってセダンかバンを選べる。時間は延長可

B タガイタイ観光

タガイタイはマニラ市内から車で南へ1時間30分ほどいった高原リゾートエリア。世界最小の活火山で知られるタール火山や美しいタール湖など、豊かな自然にふれられる。標高約700mにあるため、爽やかな気候で快適！

|出発|9時 |所要時間|約9時間 |催行日|毎日 ㊎US$160～(2名から催行)

1：タガイタイは野菜やフルーツの名産地として知られている　2：タガイタイの街並みや豊かな自然が一望できる展望台ピープルズ・パーク

B マニラウォーキングツアー

マニラ市内を高架鉄道と徒歩で観光するというユニークなコンセプト。ガイド付きなので安心だ。博物館でフィリピン人芸術家による現代アートを見学したり、中華街を散策したりと貴重な体験ができる。

|出発|9時 |所要時間|約4時間 |催行日|火～日曜 ㊎US$69(2名から催行)

1：LRTのペドロ・ヒル駅。ガイドが案内してくれる　2：フィリピンでも独特の文化を育む中華街。入口には友好門がそびえ立つ

＼ 申し込みはこちら ／

A JTBマニラ支店
JTB Manila

世界各国で200万人以上が利用している信頼のブランド。専用車を使ったプランは、観光スポットのセレクトから相談に乗ってくれる。問い合わせはもちろん日本語でOK。 MAP 付録P8B3 ㊟18th Floor, A.T.Yuchengco Centre, Bonifacio Global City, Taguig, Manila ☎02-8894-5528 ㊟8時45分～17時45分 ㊡土・日曜、祝日 URL ph.jtbtrip.com

B アティック・ツアーズ
Attic Tours

マニラをより楽しむには、ガイドが案内するツアーに参加するのが一番。現地の情報に詳しいアティック・ツアーズは安心の日本語対応。日本人好みのオプショナルツアーを用意している。 MAP 付録P8A4 ㊟G-08 A Antel Seaview Tower, 2626 Roxas Blvd., Pasay, Manila ☎02-8556-6301 ㊟9～18時 ㊡土曜、日曜、祝日 URL www.attic-tours.net

コロナ関連情報

2023年6月現在、フィリピン渡航や日本帰国の際のコロナ規制は大きく緩和されている。今後も変更される可能性があるため、出発前に必ず最新情報を確認しておこう。

渡航・フィリピン国内

●フィリピン入国のあらゆる制限が解除

フィリピンは新型コロナワクチンの接種、未接種にかかわらず入国が可能。ただし電子渡航申告システム「eTravel（詳しくは→P115）」への登録と、登録後に発行されるQRコード、ワクチン接種証明書または抗原検査の陰性証明書が必要。新型コロナワクチンの接種の回数により必要な書類が異なるので下記で確認しておこう。

●新型コロナワクチンは 2回接種と接種証明書の所持で 出発前検査は不要

15歳以上

1：新型コロナワクチンを2回以上接種している場合→接種証明書（英語）
2：新型コロナワクチン未接種、2回未満、2回目接種以降14日が経過していない場合→出発前24時間以内に受けた抗原検査の陰性証明書（英語）

15歳未満

3：保護者が同行する場合→同行する保護者と同じ扱い（例えば、保護者がワクチンを2回接種している場合は、15歳未満の子供も抗原検査の陰性証明書の提示は不要）
4：保護者が同行しない場合→15歳以上と同じ扱い

●マスクの着用義務は 基本的に解除に

医療施設や公共交通機関などを除いて、屋外・屋内ともにマスクの着用は任意とされている。実際に屋外ではほとんどの人がマスクなしで過ごしている。ただしショッピングセンターなど混雑している屋内では、5割くらいの人がマスクをつけている印象。念のためマスクは携帯しておこう。

●レストラン事情

レストランでもマスクの着用義務はなく席の仕切りもない。コロナ禍前との違いは、QRコードをスマホで読み取り、メニューを確認するペーパーレス化のレストランが多くなってきていること。スマホが利用できない場合は、紙のメニューが用意されていることもあるので、確認しよう。

日本帰国

●水際対策の見直しで 日本帰国の証明書提示が不要に

2023年4月29日より、日本入国に際し今まで必要だった「有効なワクチン接種証明書」または「出国前検査証明書」の提示が不要になったため、入国の際に準備する書類はない。オンラインサービス「Visit Japan Web」は、税関申告をweb上で行えるシステム。これを登録しておけば入国の際に紙の税関申告書を提出する必要がなくなるので便利。
Visit Japan Webオンラインフォーム
URL vjw-lp.digital.go.jp/ja/

フィリピン入国に必須の eTravelの登録方法

※2023年6月現在

eTravel（イートラベル）とは？

フィリピンの電子渡航申告システム。フィリピン入国の72時間前からオンラインで登録することができ、旅行者は入国時のみ登録が必要（無料）。登録後にQRコードが発行されるので、フィリピン入国時に提示する。なお、QRコードの画面が緑の場合は面接や書類の提出は必要なし。赤の場合は検疫官から入国規則に適しているかなどを確認される。

eTravelオンラインフォーム URL etravel.gov.ph/

① 初期画面

❶国籍…PHILIPPINE PASSPORT HOLDER(フィリピンのパスポートを所持)／FOREIGN PASS PORT HOLDER（外国のパスポートを所持） ❷入国または出国…Arrival（入国）／Departure（出国） ❸移動手段の種類…AIR（飛行機）／SEA（船） ❹フィリピン到着日 ❺Eメールアドレス ❻Eメールアドレスの再入力

入力を終えたら個人情報の取り扱いについて同意のチェックを入れ「Continue」ボタンをクリック

② 個人情報

❼名 ❽姓 ❾ミドルネーム…なければ不要 ❿称号等…なければ不要 ⓫パスポート番号 ⓬性別…MALE（男性）／FEMALE（女性） ⓭生年月日 ⓮国籍 ⓯出生国 ⓰携帯電話番号…+81の後に、最初の0を除いた番号を入力

入力を終えたら「Next」ボタンをクリック

③ 個人情報

⓱住んでいる国 ⓲現住所…番地、マンション名、市町村、都道府県の順

入力を終えたら「Next」ボタンをクリック

④ 旅行の詳細／入国

⓳フィリピン到着日 ⓴出発地 ㉑旅行の目的…観光の場合は「Holiday/Pleasure/Vacation」を選択 ㉒旅行者のタイプ…AIRCRAFT PASSENGER（旅客）／FLIGHT CREW（航空会社職員） ㉓航空会社名 ㉔航空機の便名 ㉕到着空港名 ㉖航空機の座席番号…不明の場合は不要

入力を終えたら「Next」ボタンをクリック

⑤ フィリピンでの連絡先

㉗滞在先…Hotel/Resort（ホテル）／Residence（個人宅）／Transit（乗り継ぎ） ㉘ホテル名または個人宅の住所 ㉙フィリピンでの連絡先…ホテルの電話番号または使用できる携帯電話番号

入力を終えたら「Next」ボタンをクリック

⑥ 健康状態の申告

㉚過去30日の間に訪問または乗り継ぎした国…ない場合は不要 ㉛過去14日の間に新型コロナウイルスに感染または感染の兆候があるかまたサル痘感染者との接触があるか ㉜過去30日の間に病気になったか

入力を終えたら「Next」ボタンをクリック

⑦ QRコード

入力した項目が画面に表示されるので確認。間違いがなければ「Submit」ボタンをクリックする。QRコードが表示されるので保存しておく（デジタルでも紙でも可）。

フィリピン入国

日本からはマニラとセブに直行便が飛んでいる。成田からマニラへは、フィリピン航空(PR)、日本航空(JL)、全日空(NH)、ジェットスター・ジャパン(GK)、セブ・パシフィック航空(5J)、フィリピン・エアアジア(Z2)、ZIPAIR(ZG)が一日1〜2往復。また羽田、大阪、名古屋、福岡からも毎日運航。セブへは成田からPRと5Jがそれぞれ一日1往復運航している(2023年6月現在)。

○ 入国条件

●ビザ…30日以内の観光目的での滞在は不要。ただし、出国用航空券(30日以内にフィリピンを出国するもの)が必要。
●パスポート残存有効期間…入国時6カ月以上必要。

─〈 税関申告書の書き方 〉─

家族の場合はまとめて1枚に記入すればよい。下記の個人情報のほか、中面で申告の有無についてチェックし、サインをしたものを税関に提出する。

①姓②名③ミドルネーム④性別⑤生年月日⑥国籍⑦パスポート番号⑧パスポート発行地⑨パスポート発行日⑩職業⑪連絡先(電話番号)⑫フィリピンでの住所(ホテル名でOK)⑬最後にフィリピンを出国した日(なければ空欄)⑭出発国⑮到着日⑯入国時の便名⑰同伴家族の人数(18歳未満/18歳以上)⑱荷物の個数(預け荷物/機内持ち込み荷物)⑲旅行者のタイプ(日本国籍の旅行者の場合は、通常はNon-Filipinoにチェック)⑳渡航目的(ビジネス/休暇/教育/その他)
※年月日は月/日/西暦の順で記入

○ 入国の流れ

① 入国審査

税関申告書は機内で配られるので、あらかじめ記入しておく。到着Arrivalの表示にしたがって通路を進み、カウンターでeTravelのQRコードを提示する。そのまま入国審査Immigrationに進み、係官にパスポートを提示する。帰りの航空券の提示を求められることがある。

② 荷物受取所 ≫

入国審査終了後、手荷物受取所に進みターンテーブルから自分の荷物をピックアップ。万一荷物が見つからない場合は、荷物引換証Claim Tagを、荷物問合せデスクBaggage Enquiryの係員に提示し対応してもらう。

③ 税関 ≫

荷物を受け取ったら税関Customsへ進む。係官に税関申告書を渡し、チェックを受ける。観光で入国する場合はほとんどノーチェックだが、場合によっては荷物を開けてチェックされることも。

④ 到着ロビー ≫

ロビーでは、スリに注意したい。また、見知らぬ人に強引に手荷物を運ばれ、後から法外なチップを要求されることもあるので気をつけること。

○ フィリピン入国時の免税範囲

●主な免税範囲…
◎酒類…2本(各1ℓ以内)まで(18才以上)。
◎通貨…現地通貨5万Pを超える場合は許可が必要。外貨US$1万相当以上は要申告。
◎タバコ…紙巻タバコ400本、または葉巻50本、または刻みタバコ250gまで(18才以上)。

○ 荷物の注意点

●預け入れる荷物…利用する航空会社やクラス、国際線、国内線によって預け入れが可能な荷物の大きさや重さ、個数の制限が異なるので、事前に各航空会社の公式サイトなどで確認すること。制限を超えると追加料金が必要となるので注意。
●機内に持込む荷物…危険物の持込みは禁止されている。ナイフやハサミ、高圧ガスなどが対象になる。逆に、携帯電話やノートパソコンなどの電子機器の予備電池や喫煙用ライターは預け入れ禁止なので、機内持込み手荷物に入れるのを忘れずに(種類によっては持込み不可)。
●液体の持込み制限物…国際線では液体の持込みが制限されている。対象は飲料、化粧品、ヘアースプレーなどの液体物、ジェル、エアゾール類など。主な条件は以下の通り。
●100mℓ以下の個々の容器に入っていること
(100mℓを超える容器の場合、液体が一部しか入っていなくても持込み不可)
●液体物を入れた容器は1ℓ以下のジッパー付き無色透明プラスチック袋に入れること
●プラスチック袋は旅客1人1袋のみ。手荷物検査の際に検査員に提示すること
詳細は国土交通省のサイト参照 URL https://www.mlit.go.jp/koku/15_bf_000006.html

フィリピン出国

空港へは出発予定時刻の2時間前までに到着しておきたい。特にマニラでは
交通渋滞が激しく、通常なら30分程度の距離が、渋滞に巻き込まれると
1時間以上かかることも。余裕をもって空港に向かおう。

⭕ 出国の流れ

マニラの場合は航空会社によってターミナルが異なるが、基本的に手続きの流れは一緒。空港に入るとカフェやマッサージ店などがあるが、ターミナルによって充実度は異なる。空港内は少し高めの料金設定になっていることが多い。

① 荷物のX線検査

出発ターミナルの入り口で、まずは荷物のX線検査を受ける。X線検査に時間がかかることが多いので、早めに並ぶようにしたい。

② チェックイン

自分の利用する航空会社のチェックイン・カウンターへ向かう。パスポートと航空券を提示し、大きな荷物を預け、荷物引換証Baggage Claim Tagと搭乗券を受け取る。

③ 出国税支払い

セブでは935P、マニラでは550Pの出国税(空港税)がかかるが、通常は航空券の料金に含まれているので支払う必要はない(事前に航空会社のHPを参照のこと)。

④ 出国審査

出国審査の係官にパスポートと搭乗券を提出し、出国スタンプを押してもらい、パスポートと搭乗券を受け取る。

⑤ 搭乗

出国審査が済んだら、セキュリティ・チェックを受けて、搭乗券に記載された搭乗ゲートへ。搭乗時にパスポートの提示を求められることもある。

⭕ 日本帰国時の注意

● **主な免税範囲(成人1人当たり)**…
◎酒類:3本 (1本760mlまでのもの。未成年者の免税なし)。
◎たばこ…紙巻きタバコのみの場合日本製・外国製各200本まで、葉巻たばこのみの場合50本まで、その他の場合250gまで(未成年者の免税なし)。
◎香水…2オンス(1オンスは約28ml。オーデコロン、オードトワレは含まない)。
◎その他…1品目ごとの海外市価の合計額が1万円以下のもの。海外市価の合計額が20万円まで。
詳細は税関 URL https://www.customs.go.jp/ を参照
● **輸入禁止**…麻薬、大麻、覚醒剤、鉄砲類、爆発物や火薬、通貨または有価証券の偽造・変造・模造品、わいせつ物、偽ブランド品など。
● **輸入制限**…◇ワシントン条約に該当する物品。対象物を原料とした漢方薬、毛皮・敷物などの加工品も同様。ワニ、ヘビなどの皮革製品、象牙、はく製、ラン、サボテンなどは特に注意。
● **動植物**…土付きの植物、果実、切花、野菜、ソーセージといった肉類などは要検疫(おみやげのハム入りXO醤や、インスタントラーメンなどの乾燥肉も同様)。
● **医薬品・化粧品など**…個人が自ら使用するものでも数量制限がある。医薬品及び医薬部外品は2カ月以内(外用剤は1品目24個以内)。化粧品は1品目24個以内。

⭕ 外務省海外旅行登録 「たびレジ」

登録すれば、渡航先の最新安全情報や緊急時の現地大使館・総領事館からの安否確認、必要な支援を受けることができる。 URL www.ezairyu.mofa.go.jp/tabireg/

空港から市内への交通

空港に着いたら、市内までの移動手段をチェック！ ホテルによっては送迎を頼めるので事前に確認を。それ以外なら下記の交通手段を利用しよう。

［ セブ ］

セブの空の玄関口は、マクタン島にあるマクタン・セブ国際空港。国際線はターミナル2、国内線はターミナル1を利用。税関通過後に両替所があるので、そこで市内へ出るためのペソに両替するといい。

● マクタン・セブ国際空港

ターミナル2 1階到着フロア

日本からの直行便はフィリピン航空とセブ・パシフィック航空が運航(2023年5月)。

地図マークの凡例
🛈 案内所
🚻 トイレ
🏧 銀行・両替所

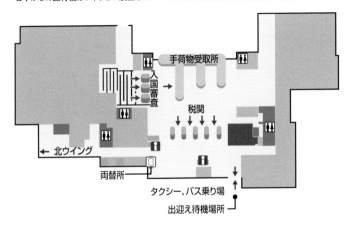

手荷物受取所 / 入国審査 / 税関 / 北ウイング / 両替所 / タクシー、バス乗り場 / 出迎え待機場所

マクタン・セブ国際空港から市内へ

手段	説明	運行時間	料金	所要時間
クーポン(空港)タクシー	定額制のタクシー。セブではカウンターで行き先(ホテル名)を告げて料金を先払い。案内されたタクシーに乗る	航空機の到着にあわせて運行	マクタン島ホテルエリアまで400～500P、セブ・シティまで600～700P	マクタン島ホテルエリアまで約20～30分、セブ・シティまで約30～40分
運転手付きレンタカー	フィリピンでレンタカーといえば運転手付きのハイヤーのようなもの。インターネットで予約をしておく	予約に応じて運行	マクタン島ホテルエリアまで500P～、セブ・シティまで880P～	マクタン島ホテルエリアまで約20～30分、セブ・シティまで約30～40分
タクシー	基本的にはメーター制。白い車体のタクシーが一般的で、車体が黄色のイエロータクシーは料金がやや高い	24時間	マクタン島ホテルエリアまで250P前後、セブ・シティで300P～。イエロータクシーはほぼ倍額	マクタン島ホテルエリアまで約20～30分、セブ・シティまで約30～40分
グラブ・カー(Grab Car)	フィリピンではタクシー配車アプリ「Grab Car」の使い勝手がよい。アプリをダウンロードしておこう	24時間	マクタン島ホテルエリアまで300P～、セブ・シティまで450P～	マクタン島ホテルエリアまで約20～30分、セブ・シティまで約30～40分

[マニラ]

マニラの空の玄関口は、ニノイ・アキノ国際空港。航空会社により到着ターミナルが異なる（2023年7月よりターミナル1と3が国際線、2と4が国内線）。それぞれのターミナル間は距離があるので、移動する際は無料のシャトルバスを利用すると便利。

⭕ ニノイ・アキノ国際空港

ターミナル1：2階

フィリピン航空、日本航空の直行便が到着する。

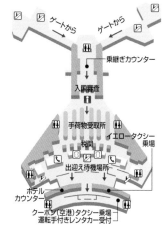

ターミナル2：2階

国内線専用ターミナル。

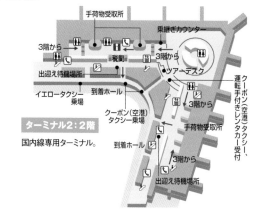

ターミナル3：1階

全日空、セブ・パシフィック航空、ジェットスター・ジャパンの直行便が到着する。

```
地図マークの凡例
🚻 トイレ   🏦 銀行・両替所   ℹ️ 案内所   📞 電話
🛗 エレベーター   🪜 エスカレーター   🍴 レストラン   🪜 階段
```

※2023年4月から7月にかけて行われる大幅なターミナル変更により、当初は混乱が予想されるため空港には早めに到着しておくことをおすすめします。

ニノイ・アキノ国際空港から市内へ

手段	説明	運行時間	料金	所要時間
クーポン（空港）タクシー	定額制のタクシー。マニラでは、カウンターで金額の書かれたクーポンを受け取り、降車時に額面どおり支払う	航空機の到着にあわせて運行	メトロ・マニラ中心部まで450〜650P、マカティまで450P前後	メトロ・マニラ中心部まで約30〜45分、マカティまで約30〜45分
運転手付きレンタカー	フィリピンでレンタカーといえば運転手付きのハイヤーのようなもの。インターネットで予約をしておく	予約に応じて運行	メトロ・マニラ中心部まで600P〜、マカティまで750P〜	メトロ・マニラ中心部まで約30〜45分、マカティまで約30〜45分
タクシー	基本的にはメーター制。白い車体のタクシーが一般的で、車体が黄色のイエロータクシーはやや高い。マニラでは夜便で到着の場合、利用を避けたほうがよい	24時間	メトロ・マニラ中心部まで150〜300P、マカティまで250〜300P。イエロータクシーはほぼ倍額	メトロ・マニラ中心部まで約30〜45分、マカティまで約30〜45分
グラブ・カー（Grab Car）	フィリピンではタクシー配車アプリ「Grab Car」の使い勝手がよい。アプリをダウンロードしておこう	24時間	メトロ・マニラ中心部まで350P〜、マカティまで300P〜	メトロ・マニラ中心部まで約30〜45分、マカティまで約30〜45分

旅のキホン

快適なフィリピンステイのために覚えておきたい基本情報をおさえよう。
日本とは異なるルールもたくさんあるので、事前にチェック！

［ お金のこと ］

流通通貨はペソ(P)。補助通貨はセンタボ(C)。
クレジットカードを併用するとよい。

1P＝約2.61円
（2023年6月現在）

○ 紙幣・硬貨の種類

紙幣は20P、50P、100P、200P、500P、1000P、硬貨
は1P、5P、10P、20Pのほか、C5、C10、C25などがあ
るが、センタボ硬貨の流通は少ない。

 C5
 C25
 1P
 5P
 10P
 20P
 20P
 50P
 100P
 200P
 500P
 1000P

○ 両替

国際空港の両替所、銀行、ホテルのフロント、街の両替商、
ショッピングモールの両替所などで両替ができる。一般に
両替商のレートが一番よく、ホテルは換金レートがよくな
い。ただし、街なかの両替商は金額をごまかすなど悪質な
場合もあるので注意。ショッピングモールの両替所はごま
かされる心配がなく、旅行者には利用しやすい。

○ クレジットカードと ATM

クレジットカードは、国際的なチェーンホテルなどでは問
題なく使える。また、有名ブランド店や大型ショッピングモ
ールでは使えることが多いが、小規模な店では断られるこ
とも。タクシー、ジプニ
ー、バス、LRT＆MRT
の支払いは現金のみ。
ATMのキャッシングは
一部を除き24時間利
用できる。

旧紙幣は使用不可

2010年に紙幣の新しいデザインが発表され、10P紙
幣が廃止されて6種類になった。2017年4月より旧紙
幣は一切使えなくなり、新紙幣への交換もできなくな
ったので注意。

［ シーズンチェック ］

祝祭日やその前後はレストランやショップ、
銀行が休業になることも。旅行日程を
決める前に必ずチェック！

○ 祝祭日

> 旧正月期間、
> チャイナタウンは
> とても賑わう！

1月1日	元日
2月10日	チャイニーズ・ニュー・イヤー★
2月25日	エドサ革命記念日
3月28日	聖木曜日★
3月29日	聖金曜日★
4月9日	勇者の日
5月1日	レイバーデイ
6月12日	独立記念日
8月21日	ニノイ・アキノ記念日

> ドリアンやライチ
> などの果物が
> おいしい時季！

8月28日	英雄の日★
11月1日	諸聖人の日
11月2日	死者の日
11月27日	ボニファシオ記念日
12月25日	クリスマス
12月30日	リサール記念日
12月31日	大晦日

> 9〜10月は台風
> が発生しやすい
> 時期なので注意

> 大晦日から元日は
> 国中大騒ぎ。外出
> は控えよう

※祝祭日は2023年7月〜2024年6月のもの（★は年
によって日程が変動するもの）

◯ 平均気温と降水量

1年を通じて気温が高いフィリピン。降水量はマニラとセブで時期により違いがある。

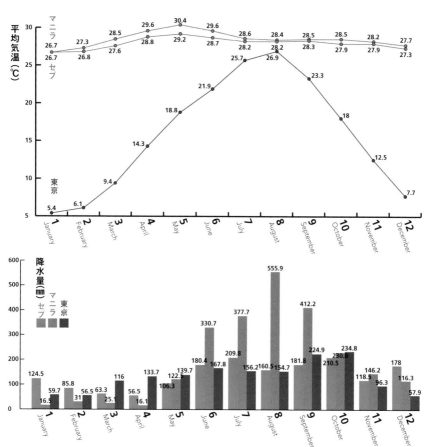

※平均気温、降水量の数値は気象庁（東京は理科年表）による1991～2020年の30年間のデータの平均をもとに平年値を算出

◯ 服装

乾季 12～5月

フィリピンは熱帯モンスーン気候に属しており、年間を通して高温多湿。平均気温は26～29℃ほどで基本的には半袖でOK。12～2月の気温が比較的低い。長袖の羽織るものを持っていくと安心だ。4月ごろからは水温が高くなるが、年末から2月ごろまでは水温が低いこともある。

雨季 6～11月

雨季は毎日のようにスコールが降るので、雨具を必ず持っていこう。排水の設備が整っておらず、街中に大きな水溜りができることも。セブ島などはマニラほどはっきりとは雨季と乾季が分かれていない。7～9月はビサヤ諸島、ルソン島南部、ミンダナオ島北東部はモンスーンの通り道になっているので、船での移動は注意が必要。

［ 電話のかけ方 ］

⭕ フィリピン国内電話

街なかで公衆電話はあまり見かけないが、空港やショッピングモールに設置してあり、
市内通話、長距離通話、国際通話が可能。ただしコインが使えるものは少なく、
その機種にあったテレホンカードを購入する。市内通話は、カード式公衆電話で3分2P。

⭕ 国際電話

日本→フィリピン

電話会社の識別番号*		国際電話識別番号		フィリピンの国番号		市外局番の最初の0を省く
電話会社の識別番号*	＋	010	＋	63	＋	相手の電話番号

*NTTコミュニケーションズ…0033*¹、ソフトバンク…0061　マイライン、マイラインプラス登録者は不要
*マイライン、マイラインプラス及び、NTTコミュニケーションズ(0033)の国際電話は2024年1月サービス修了予定。

フィリピン→日本

直通でかける方法と、オペレーターを通す方法の2種類ある。以前はオペレーターを通してかける方法が一般的だったが、
高級ホテルが増え部屋の電話から直接かけられるところが多い。

⭕ 直通ダイヤル

国際電話識別番号		日本の国番号		市外局番の最初の0を省く
00	＋	81	＋	相手の電話番号

⭕ 日本の電話会社を利用 …KDDIジャパンダイレクト(オペレーターを通すコレクトコール) の場合

アクセス番号		
101-0558110	＋	オペレーターに相手の名前と電話番号を伝える

*最初の3分2160円、その後、1分ごとに460円を相手が支払う

［ インターネット・Wi-Fi 事情 ］

空港や観光案内所、一部のカフェ、ホテル、ショッピングセンターなどで無料Wi-Fiに接続できる。常にインターネットに接続したい場合は、海外用Wi-Fiルーターをレンタルする。空港ではSIMカードも販売。またSIMカードを入れ替えなくても接続できるe-SIMによるサービスも増加しており、各社多様な料金プランがある。

無料でWi-Fiを使えるホテルも多い

［ 郵便・小包の送り方 ］

⭕ はがき・封書

フィリピンの郵便事情はあまりよくない。街なかに郵便ポストはないので、切手の購入、投函の依頼はホテルのフロントに頼むのが簡単。日本までの封書は20gまで60P程度、はがきは45P程度で、所要は1〜2週間。

⭕ 小包、宅配便

郵便局から日本への小包は航空便で1週間程度、EMS(国際速達小包) は3〜5日程度で届く。国際宅配便のDHLなどは電話で連絡すれば荷物を取りにきてくれる。

知っておきたいエトセトラ

● 飲料水

飲み水には十分注意をし、生水はもちろん、ホテルの客室の水道水も絶対に飲まないこと。滞在中はドリンキングウォーターを飲むようにしよう。コンビニで買うと500mlのペットボトルが15Pほど。飲食店などで出される氷にも注意が必要で、白く濁った氷は、沸騰させずに水道水をそのまま凍らせたものである可能性が高い。

● トイレ

地方の島しょ部などへ行くとしゃがむタイプで、洋式は便座がないものも多い。紙が設置されていないことも多いので、ポケットティッシュは忘れずに持参しよう。トイレにはバケツと手桶が置かれており、紙は使わずに手桶で水をすくって洗浄するスタイルもまだ残っている。紙は、便器に流さず備え付けのくずかごに捨てる。

● 電圧とプラグ

電圧は110または220ボルト、周波数は60ヘルツ。日本の電化製品を使う場合は、変圧器が必要。プラグはA（日本と同じ）、C、B3の3タイプ。Aタイプで対応できるところが多い。

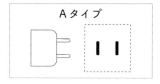

Ａタイプ

● チップ

フィリピンでは日本の消費税と似た付加価値税（VAT）12%が課せられる。そのほかにチップの習慣もある。サービスを受けた場合は、以下を目安にチップを渡そう。

空港・ホテルのポーター……荷物1個につき10〜20P
ヘッドメイキング… 20P〜（1部屋）
ホテルのルームサービス……20P〜
流しのタクシー…支払いの10%
レストラン（サービス料が含まれていない場合）
…支払いの10%程度

● マナー

レストランやホテルではサンダル・短パンなどを禁止している所もある。また、レストランやディスコ、カジノなどでナイトライフを楽しむ際は、男性は襟付きのシャツに薄手のスラックス、女性は薄手のワンピースを着るのがマナー。

● 喫煙

2017年7月から大統領令により、フィリピン全土で禁煙に。行政により異なるが、例えばマニラ首都圏のマカティ市では、100㎡未満の公共施設では喫煙ができない上、100㎡以上の施設では、喫煙室でのみ喫煙が許されている。違反すると罰金が科せられる。

レストランのサービスにはチップを！

MRT駅の構内も全面禁煙なのでご注意！

［ トラブル対処法 ］

◯ 治安

夜間の一人歩きは避け、日中でも人通りの少ない路地裏には入らないようにしよう。また、観光地やショッピングセンター、空港など旅行客が多く集まるところでは、スリや置き引きにも注意したい。出発前には外務省海外安全ホームページなどで、現地の状況を必ず確認しておこう。

● 睡眠薬強盗…公園や街なか、食事中などに「いっしょにご飯を」と話しかけられ、渡された飲み物などに睡眠薬が入っているケース。見ず知らずの他人から進められる飲食物には特に注意する。
● 街なかを散策する際の注意…高価なアクセサリーをつけて街を歩かない。色白の日本人はただでさえ目立つので、お金を持っていそうな服装や装飾品は避けること。

◯ 病気・ケガ

ツアー参加者は、すぐに添乗員に連絡を。個人旅行者は海外旅行保険に入っている場合は緊急時の問合先に連絡しよう。症状が重い場合は、ホテルのフロントに連絡をして医師か救急車の手配を頼む。帰国後、保険会社に医療費を請求する際に必要となるので診断書と領収書は必ずもらうこと。

◯ 盗難・紛失の場合

● パスポート…日本国大使館へ出向く。必要となるのは、①6カ月以内に撮影された旅券用写真2枚②警察発行の盗難または紛失証明書③一般旅券発給申請書1通④紛失一般旅券等届出書1通(来館時に入手可能)⑤6カ月以内に発行された戸籍謄本1通⑥顔写真付き身分証明書と再発給手数料。再発給の所要日数は4〜6日程度。帰国を急ぐ時は「帰国のための渡航書」が取得できる。発給までの日数は面談により決定。

● クレジットカード…すぐにカード会社のサービス・デスクに連絡して無効手続きをする。カード番号や有効期限などは必ず控えておこう。

● 航空券…最近はチケットレスのeチケットがほとんどなので、本人であることが確認できる公的書類(購入時に提示したクレジットカード、パスポート番号、運転免許証など)があれば搭乗可能。eチケットではない航空券を紛失した場合は、まず航空券の発行会社に連絡。航空券の年月日や購入場所を聞かれるので、あらかじめメモしておこう。とはいえ、現実には買い直すしか手はない。正規航空券なら現地警察発行の紛失証明書があれば、紛失した航空券の期限内で不正使用されていない限り、払い戻しが受けられる。格安航空券の場合は原則不可。

◯ 便利電話帳

日本国内

◯ 大使館・領事館・情報収集
● フィリピン共和国大使館

● フィリピン政府観光省　東京支局

● 外務省海外安全情報

● JTB海外渡航先別　渡航手続き 最新情報

◯ 主要空港
● 成田国際空港フライト情報

● 羽田空港フライト情報

● 関西空港フライトスケジュール

● 中部国際空港フライト情報

フィリピン

◯ 緊急時・現地情報
● 在フィリピン日本国大使館
（在マニラ日本国総領事館兼任）
MAP 付録P8A4　 2627 Roxas Blvd.,
Pasay City, Metro Manila　☎(02) 8551-5710
URL www.ph.emb-japan.go.jp
● 在セブ日本国総領事館 ☎(032) 231-7321
● 警察／消防／救急 ☎911
● フィリピン国家警察 ☎(02) 8722-0650
● ニノイ・アキノ国際空港・空港警察 ☎(02) 833-3163
● 邦人援護ホットライン（24時間）
☎(02) 8551-5786
● Visa グローバル・カスタマー・
アシスタンス・サービス
☎1-303-967-1090（盗難・紛失）
● JCBカード
☎1-800-1-811-0027（盗難・紛失）
● アメリカン・エキスプレス・グローバル・ホットライン
☎65-6535-2209
● マスターカード・グローバル・サービス
☎1-800-1-111-0061

持ち物ＬＩＳＴ ♥♥

手荷物に入れるもの

- ☐ パスポート
- ☐ 携帯電話
- ☐ 筆記用具・メモ帳
- ☐ 航空券（eチケット）
- ☐ ティッシュ・ハンカチ
- ☐ 財布 （クレジットカード・現金）

- ☐ コスメ類
- ☐ Wi-Fiルーター
- ☐ ガイドブック
- ☐ ストール・マスク
- ☐ カメラ
- ☐ 予備バッテリー

※液体物やクリーム類は100㎖以下の個々の容器に入っていること。ジッパー付透明袋にまとめて持込む→P116

スーツケースに入れるもの

- ☐ 着替え・下着類
- ☐ 歯磨きセット
- ☐ コンタクトレンズ
- ☐ メガネ
- ☐ コスメ類
- ☐ 日焼け止め
- ☐ スリッパ
- ☐ 常備薬
- ☐ 虫よけ スプレー

- ☐ 生理用品
- ☐ プラグ変換機
- ☐ 雨具
- ☐ 水着
- ☐ サングラス
- ☐ 靴（ビーチサンダルなど）
- ☐ 帽子
- ☐ バスセット （洗顔料・シャンプーなど）
- ☐ 折りたたみ式 サブバッグ

あると便利！女子旅グッズ
（旅先でも快適生活をキープ）

- ☐ **タオル**（割れ物を包むのにも便利♪）
- ☐ **ブラシ・くし・ヘアゴム**（ホテルにないことも！）
- ☐ **ビニール袋**（着用済みの衣類を入れるなど）
- ☐ **機内用トラベル枕**（長時間のフライトに）

- ☐ **入浴剤**（旅の疲れはその日のうちに）
- ☐ **除菌ウェットティッシュ**（おしぼりは出ないところが多い）
- ☐ **絆創膏**（靴ずれ対策に）

MEMO

パスポートNo.		
パスポートの発行日	年　　　　月	日
パスポートの有効期限	年　　　　月	日
宿泊先の住所		
フライトNo（行き）		
フライトNo（帰り）		

出発日　　　　年　　　月　　　日　　　　　　帰国日　　　年　　　月　　　日

Cebu philippine index

ララチッタ

セブ島　フィリピン
Cebu Island Philippines

2023年　7月15日　初版印刷
2023年　8月 1日　初版発行

編集人	井垣達廣
発行人	盛崎宏行
発行所	JTBパブリッシング
印刷所	凸版印刷

企画・編集	情報メディア編集部
編集スタッフ	山本いつき
取材・執筆・撮影	アトール（高井章太郎）
アートディレクション	BEAM
本文デザイン	BEAM
表紙デザイン・ シリーズロゴ	ローグ クリエイティブ （馬場貴裕/西浦隆大）
編集・取材・写真協力	PTNトラベル／アティック・ツアーズ JTBフィリピン・マニラ支店 JTBフィリピン・セブ支店 PMAトライアングル／松島正二 鈴木伸／北原俊寛／ぷれす フィリピン観光省／123RF
地図制作	ジェイ・マップ／アトリエ・プラン
組版	凸版印刷／ローヤル企画

JTBパブリッシング
〒135-8165
東京都江東区豊洲5-6-36
豊洲プライムスクエア11階

編集内容や、乱丁、落丁のお問合せはこちら
JTBパブリッシング お問合せ🔍
https://jtbpublishing.co.jp/contact/service/

おでかけ情報満載
https://rurubu.jp/andmore/

※続刊予定あり

ここからはがせます♪

Lala Citta Philippines
Area Map

フィリピン
付録MAP

MAP記号の見方

⛪ 教会　🛈 観光案内所　🇯🇵 日本領事館　✈ 空港

♀ バス停　🚕 タクシー乗り場　🏦 銀行　📮 郵便局　🏥 病院　⊗ 警察

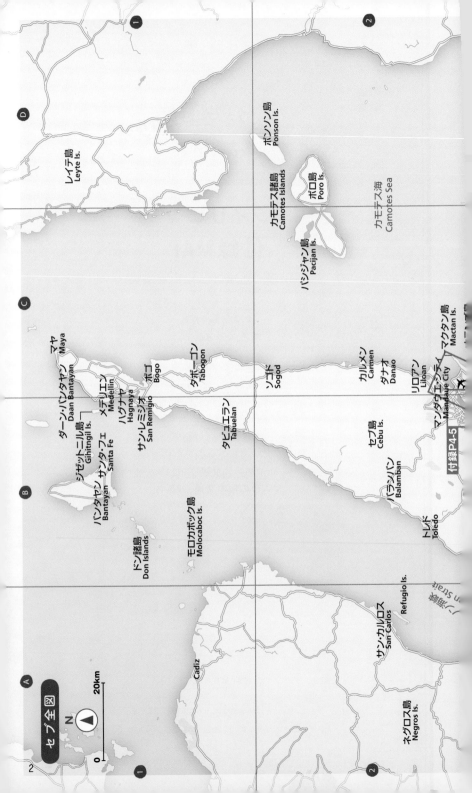

セブ全図

N

0　20km

D
レイテ島
Leyte Is.

ポンソン島
Ponson Is.

カモテス諸島
Camotes Islands

ポロ島
Poro Is.

パシジャン島
Pacijan Is.

カモテス海
Camotes Sea

C
マヤ
Maya

ダーン・バンタヤン
Daan Bantayan

メデリエン
Medellin

ハグナヤ
Hagnaya

サン・レミジオ
San Remigio

ボゴ
Bogo

タボゴン
Tabogon

ソゴド
Sogod

カルメン
Carmen

ダナオ
Danao

リロアン
Liloan

マンダウエ・シティ
Mandaue City

マクタン島
Mactan Is.

付録P4-5

ヒ

タブエラン
Tabuelan

セブ島
Cebu Is.

B
ヒルブンティニル島
Gihitngil Is.

バンタヤン
Bantayan

サンタ・フェ
Santa Fe

ドン諸島
Don Islands

モロカボック島
Molocaboc Is.

バランバン
Balamban

トレド
Toledo

A
Cadiz

Refugio Is.

サン・カルロス
San Carlos

ネグロス島
Negros Is.

タニョン海峡
○○ Strait

2

1

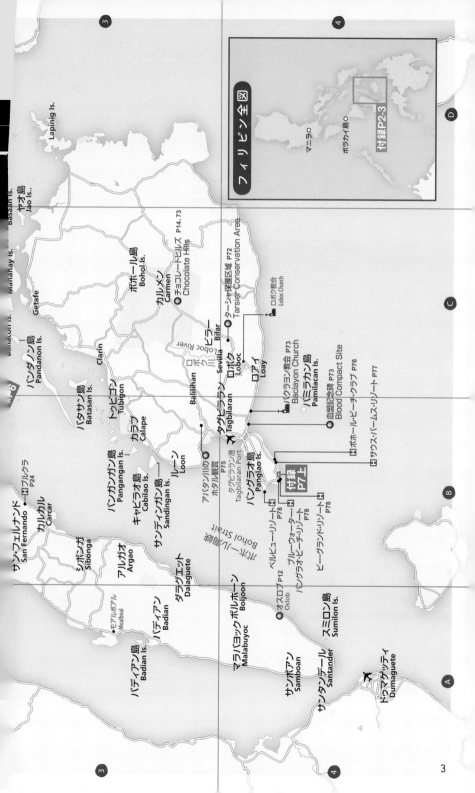

Lapinig Is.

Basaan Is.
ヤオ諸島
Jao Is..

Mahahay Is.

フィリピン全図

マニラ○

ボラカイ島 ○

付録P2-3

D

Getafe

ボホール島
Bohol Is.

カルメン
Carmen
● チョコレートヒルズ P14.73
Chocolate Hills

パンダノン島
Pandanon Is.

バタサン島
Batasan Is.

トゥビゴン
Tubigon

クラリン
Clarin

ビリラー
Bilar
● ターシャ保護区域 P72
Tarsier Conservation Area

● ロボク教会
Loboc Church

C

カラペ
Calape

ロボク川
Loboc River

ロボク
Loboc

ロアイ
Loay

サンフェルナンド
San Fernando
● カルクラ
P24

バリリハン
Baliilihan

タグビララン
Tagbilaran ✈

パングラオ島
Panglao Is.

バクラヨン教会 P73
Baclayon Church

パミラカン島
Pamilacan Is.

カルカル
Carcar

パンガンガン島
Pangangan Is.

キャビラオ島
Cabilao Is.

ルーン
Loon

● 血盟記念碑 P73
Blood Compact Site

シボンガ
Sibonga

サンディンガン島
Sandingan Is.

アバタン川の
ホタル観賞 P75

タグビララン港
Tagbilaran Port

付録
P7上

□ ボホールビーチクラブ P76

□ サウスパームスリゾート P77

アルガオ
Argao

ダラグエット
Dalaguete

モアルボアル
Moalboal

バディアン
Badian

パングラオ島
Panglao Is.

□ ベルビューリゾート P78

□ ブルーウォーター
パングラオビーチリゾート P78

□ ビーグランドリゾート P78

バディアン島
Badian Is.

ボホール海峡
Bohol Strait

オスロブ P12
Oslob

マラボヨック ボルホーン
Malabuyoc Boljoon

B

サンボアン
Samboan

スミロン島
Sumilon Is.

サンタンデール
Santander

✈
ドゥマゲッティ
Dumaguete

A

③ ④

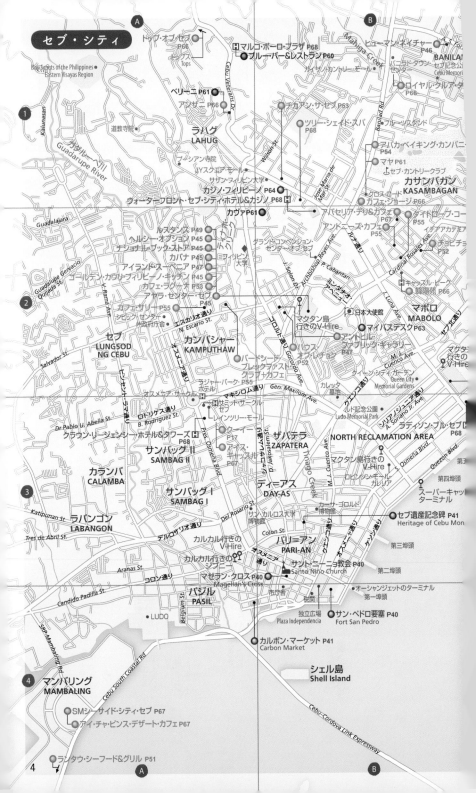

セブ・シティ

トップ・オブ・セブ P66
Tops

Boy Scouts of the Philippines
Eastern Visayas Region

マルコ・ボーロ・プラザ P68
ブルー・バー&レストラン P60

ヒューマン・ネイチャー P46
BANILAD

ベリーニ P61
アンザー P66

チカアン・ザ・セブ P63

ツリー・シェイド・スパ P68

ロイヤル・クルア・タ P66

道教寺院

ラハグ
LAHUG

フルーツスタンド

ブーシアン寺院

JYスクエア・モール

アメリカ・ベイキング・カンパニ P54

サザン・フィリピン大学

マヤ P61

カジノ・フィリピーノ P64

カサンバガン
KASAMBAGAN

ウォーターフロント・セブ・シティ・ホテル&カジノ P68

カフェ・ジョージ P66

カヴァ P61

アバセリア・デリ&カフェ P67

タイドワーク・コ P55

アンドニーズ・カフェ P55

チョビチョ P52

ルスタンス P49
ヘルシー・オプション P45
ナショナル・ブック・ストア P45
カバナ P45
アイランド・スーベニア P47
ゴールデン・カウリ・フィリピーノ・キッチン P45
カフェ・ラーニョ P50
アヤラ・センター・セブ

グランドコンベンション・センター・オブ・セブ

キャッスル・ピーク P66
韓麺苑 P66

アントヒル
パブリック・ギャラリー P47

マボロ
MABOLO

カフェ・ラリー P55
シビック・センター
州政府庁舎
エスカリオ通り

セブ
LUNGSOD
NG CEBU

カンプタャー
KAMPUTHAW

バードシード・ブレックファスト・クラブ+カフェ P55

日本大使館

マクタン島行きのV-Hire

マイバスデスク P63

M.J.
Cuenco Ave.

クイーン・シティ・ガーデン
Queen City
Memorial Gardens

マクタ
島行きの
V-Hire

ジャガー・パーク

マキシロム通り

サミットサークル

ルド記念公園
Ludo Memorial Park

クラウン・リージェンシー・ホテル&タワーズ P68

ロドリゲス通り

レインツリー・モール

サバテラ
ZAPATERA

ラディソン・ブル・セブ P68

サンバッグ II
SAMBAG II

ベイー P17

アイス・キャッスル P67

NORTH RECLAMATION AREA

第四埠頭

カランバ
CALAMBA

マクタン島行きの
V-Hire

サンバッグ I
SAMBAG I

ディニス
DAY-AS

ロビンソンモール・
ガレリア

スーパーキャット・
ターミナル

ラバンゴン
LABANGON

サン・カルロス大学

セブ遺産記念碑 P41
Heritage of Cebu Mon

Tres de Abril St.

デルロサリオ通り

Del Rosario St.

Colon St.

第三埠頭

カルカル行きの
V-Hire

パリアン
PARI-AN

カルカル行きの
ジブニー

オスメニア
通り

サント・ニーニョ教会 P40
Santo Niño Church

第二埠頭

パジル
PASIL

マゼラン・クロス P40
Magellan's Cross

コロン通り

オーシャンジェットのターミナル
第一埠頭

LUDO

独立広場
Plaza Independencia

サン・ペドロ要塞 P40
Fort San Pedro

カルボン・マーケット P41
Carbon Market

シェル島
Shell Island

マンバリング
MAMBALING

SMシーサイド・シティ・セブ P67

アイ・チャ・ビンス・デザート・カフェ P67

ランタウ・シーフード&グリル P51

Cebu-Cordova Link Expressway

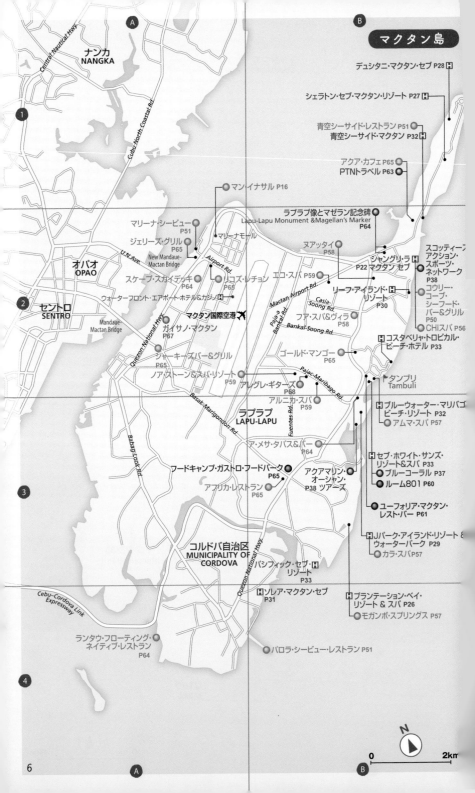

A　B

ナンカ
NANGKA

Central Nautical Hwy

Cebu North Coastal Rd.

オパオ
OPAO

U.N. Ave.
New Mandaue-Mactan Bridge

Mandaue-Mactan Bridge

Quezon National Hwy.

セントロ
SENTRO

Babag-Jook Rd.

Basak-Marigondon Rd.

ラプラプ
LAPU-LAPU

Fuentes Rd.

Palac-Maribago Rd.

Airport Rd.
Mactan Airport Rd.
Casia-Soong Rd.
Paja-a Bankal Rd.
Bankal-Soong Rd.

コルドバ自治区
MUNICIPALITY OF CORDOVA

Cebu-Cordova Link Expressway

Quezon National Hwy.

デュシタニ・マクタン・セブ P28 H
シェラトン・セブ・マクタン・リゾート P27 H
青空シーサイド・レストラン P51
青空シーサイド・マクタン P32 H
アクア・カフェ P65
PTNトラベル P63
ラプラプ像とマゼラン記念碑
Lapu-Lapu Monument &Magellan's Marker P64
マン・イナサル P16
マリーナ・シービュー P51
ジェリーズ・グリル P65
マリーナモール
ヌアッタイ P58
スケープ・スカイデッキ P64
リコズ・レチョン P65
エコ・スパ P59
ウォーターフロント・エアポート・ホテル&カジノ H
ガイサノ・マクタン P67
マクタン国際空港 ✈
ジャーキーズバー&グリル P65
ノア・ストーン&スパ・リゾート P59
アレグレ・ギターズ P68
アルニカ・スパ P59
ア・メサ・タパス&バー P64
フードキャンプ・ガストロ・フードパーク P65
アフリカ・レストラン P65
アクアマリン・オーシャン ツアーズ P38
ジャングリ・ラ マクタン セブ P22
リーフ・アイランド・リゾート P30 H
フア・スパ&ヴィラ P58
ゴールド・マンゴー P65
スコッティーズ・アクション・スポーツ・ネットワーク P38
コウリー・コーブ・シーフード・バー&グリル P50
CHIスパ P56
コスタベリャ・トロピカル・ビーチ・ホテル P33 H
タンブリ Tambuli
ブルーウォーター・マリバゴ・ビーチ・リゾート P32 H
アムマ・スパ P57
セブ・ホワイト・サンズ・リゾート&スパ P33 H
ブルーコーラル P37
ルーム801 P60
ユーフォリア・マクタン・レスト・バー P61
Jパーク・アイランド・リゾート & ウォーターパーク P29 H
カラ・スパ P57
パシフィック・セブ・リゾート P33 H
ソレア・マクタン・セブ P31 H
プランテーション・ベイ・リゾート & スパ P26 H
モガンボ・スプリングス P57
ランタウ・フローティング・ネイティブ・レストラン P64
パロラ・シービュー・レストラン P51

N

0　2km

6

アロナ・ビーチ（ボホール島）

アモリタ・リゾート P77 H

アロナ・トロピカル・ビーチ・リゾート
Alona Tropical Beach Resort

H アロナ・スイス・リゾート
Alona Swiss Resort

ヘナン・リゾート・アロナ・ビーチ P77

● アロナ・ビーチ P74
Alona Beach

● シャカ P75

ピラミッド・レストラン P74 ●

ピリヤ・パスタ・キュイジーヌ P75

ピラミッド・ビーチ・リゾート
Pyramid Beach Resort

オアシス・ビーチ & ダイブ・リゾート
Oasis Beach & Dive Resort
● オアシス・リゾート・レストラン P75

アップタウン
Uptown

⊗ ℹ

H アロナ・キュー・ホワイト・ビーチ・リゾート
Alona Kew White Beach Resort

Alona Beach Road
アロナ・ビーチ・ロード

ロスト・ホライズン・ビーチ・ダイブ・リゾート H
Lost Horizon Beach Dive Resort

N
0 ——— 100m

ボラカイ島

バルハーラ P85

H ル・ソレイユ P85

● ブカ・シェル・ビーチ P84
Puka Shell Beach

クリスタル洞窟
Crystal Cave

Ilig-Iligan
Beach

北部

Ilig-Iligan Rd.

H ボラカイ・マンダリン・
アイランド・ホテル
P88

エピック ●
P84
スモーク ●
P85
Dモール P84 ●

● メサ P84

H ヘナン・リージェンシー・
リゾート & スパ
P87

H コースト・ボラカイ
P85

● クロコダイル島 P84
Crocodile Is.

ラウレル島
Laurel Is.

カリボへ

パナイ島

（タンビサン）
ボートステーション

Tablas

Lapuz-Lapuz Beach

Lapuz-Lapuz ●

フェアウェイズ&ブルーウォーター
Fairways & Blue Water

● マウント・ルホ
Mt. Luho

Palm Ave.

Lapuz Lapuz Rd.

Tambisaan Beach

東海岸

Manoc-Manoc Beach ●

カティクラン
Caticlan

シャングリ・ラ H
ボラカイ
P86

Main Rd.

Kalikugan
Cave

ディストリクト・ボラカイ H
P88

Din-iwig Rd.

● Boracay Rock

Tulubhan
Rd.

Main Rd.

Caticlan Jetty Port

nyugan Beach
Punta-Bunga Beach

Balinghai
Beach

Diniwid
Beach

ホワイト・
ビーチ・パス
White
Beach Path

Lagutan
Rd.

San
Lorenzo
Rd.

ボートステーション
（カグバン）

H ロレンツォ・
グランド・ヴィラ

ディスカバリー・ショアーズ・ボラカイ・アイランド H
P87

トゥー・シーズンズ H
P85

ホワイト・ビーチ

ボートステーション2
ボートステーション3

アイランド・スタッフ
P83

Rocky
Beach

Cagban Rd.

Cagban
Beach

カティクラン空港
Caticlan Airport

H サーフサイド・
ボラカイ・リゾート&スパ P88

ボートステーション1

ウィリーズ・ロック
Willy's Rock
P84

サーフサイド・トラベル・サービス P83

N
0 ——— 500m

A   B   7

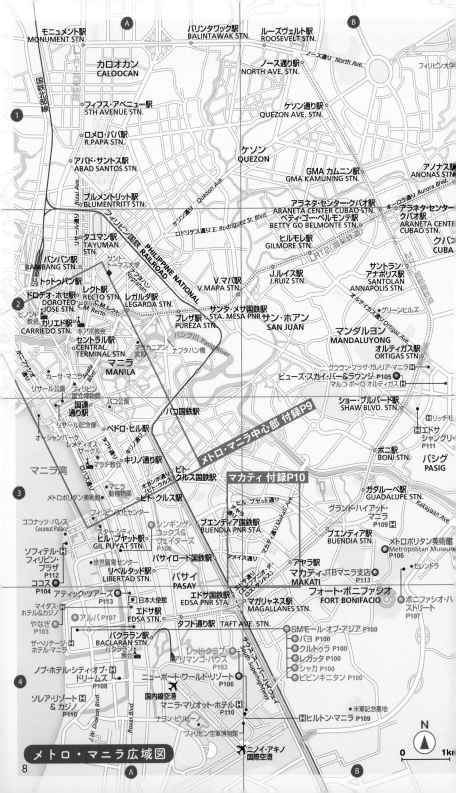

モニュメント駅
MONUMENT STN.

バリンタワック駅
BALINTAWAK STN.

ルーズヴェルト駅
ROOSEVELT STN.

ノース通り North Ave.

フィリピン大学

カロオカン
CALOOCAN

ノース通り駅
NORTH AVE. STN.

国鉄北部線

フィフス・アベニュー駅
5TH AVENUE STN.

ケソン通り駅
QUEZON AVE. STN.

ロメロ・パパ駅
R.PAPA STN.

ケソン
QUEZON

アパ・サントス駅
ABAD SANTOS STN.

GMA カムニン駅
GMA KAMUNING STN.

アノナス駅
ANONAS STN.

Quezon Ave.

アラネタ・センター・クバオ駅
ARANETA CENTER CUBAO STN.

オーロラ通り Aurora Blvd.

アラネタ・センター・
クバオ駅
ARANETA CENTER
CUBAO STN.

ブルメントリット駅
BLUMENTRITT STN.

ロドリゲス通り E. Rodriguez Sr. Blvd.

ベティ・ゴー・ベルモンテ駅
BETTY GO BELMONTE STN.

クバオ
CUBA

タユマン駅
TAYUMAN STN.

フィリピン国鉄 PHILIPPINE NATIONAL RAILROAD

ヒルモレ駅
GILMORE STN.

LRT2(高架鉄道)

バンバン駅
BAMBANG STN.

サント・トーマス大学

V.マパ駅
V.MAPA STN.

J.ルイス駅
J.RUIZ STN.

サントラン・
アナポリス駅
SANTOLAN
ANNAPOLIS STN.

トゥトゥバン駅

レクト駅
RECTO STN.

レガルダ駅
LEGARDA STN.

グリーンヒルズ

ドロテオ・ホセ駅
DOROTEO
JOSE STN.

C.M.レクト
C.M. Recta

サンタ・メサ国鉄駅
STA. MESA PNR STN.

サン・ホアン
SAN JUAN

オルティガス通り Ortigas Ave.

マンダルヨン
MANDALUYONG

カリエド駅
CARRIEDO STN.

キアポ教会

プレザ駅
PUREZA STN.

キアポ教会

オルティガス駅
ORTIGAS STN.

セントラル駅
CENTRAL
TERMINAL STN.

マラカニアン
宮殿

ナフタハン橋

マニラ
MANILA

パシグ川 Pasig River

クラウン・プラザ・ガレリア・マニラ
ビューズ・スカイ・バー＆ラウンジ P105

リッチモ

カーサ・マニラ

Ayala Blvd.

マルコ・ポーロ・オルティガス P

エドサ
シャングリ
P111

リサール公園

国立博物館

国連・
通り駅

パコ公園

パコ国鉄駅

ショー・ブルバード駅
SHAW BLVD. STN.

リサール記念像

ペドロ・ヒル駅

ボニ駅
BONI STN.

パシグ
PASIG

オーシャンパーク
サークル

レメディオス
マラテ教会

キリノ通り駅

グランド・ハイアット・
マニラ
P109

マニラ湾

サンポロック
ビト・クルス国鉄駅

ガダルーペ駅
GUADALUPE STN.

マカティ 付録P10

ヒル・プヤット通り Makati Ave.

メトロ・マニラ中心部 付録P9

ビト・クルス駅

マニラ
動物園

フィリピン文化センター

ブエンディア国鉄駅
BUENDIA PNR STA.

ブエンディア駅
BUENDIA STN.

ココナッツ・パレス
Coconut Palace

シンギング・
コックス＆
ウェイターズ
P106

スター・シティ

ギル・プヤット駅
GIL PUYAT STN.

アヤラ通り Ayala Ave.

メトロポリタン美術館
Metropolitan Museum
P106

ソフィテル・
フィリピン・
プラザ
P112

世界貿易センター
リベルタッド駅
LIBERTAD STN.

アヤラ駅
AYALA STN.

セレンドラ

パサイロード国鉄駅

アメイス通り

マカティ JTBマニラ支店

ココス
P104

アティック・ツアーズ
P113

パサイ
PASAY

マカティ
MAKATI

フォート・ボニファシオ
FORT BONIFACIO

日本大使館

エドサ国鉄駅
EDSA PNR STA.

マガリャネス駅
MAGALLANES STN.

ボニファシオ・ハ
ストリート
P107

マイダス・
ホテル＆カジノ

アルパ P107

エドサ駅
EDSA STN.

やなぎ
P103

タフト通り駅
TAFT AVE. STN.

SMモール・オブ・アジア P100

ザ・ヘリテージ・
ホテル・マニラ

バクララン駅
BACLARAN STN.

バヨ P100

バクララン
教会

クルトゥラ P100

ノブ・ホテル・シティ・オブ・
ドリームズ
P108

レッド・クラブ
P103

レガッタ P100

アリマンゴ・ハウス
P103

シャカ P100

ニューポート・ワールド・リゾート
P106

ビビンキニタン P100

ソレア・リゾート
＆カジノ
P110

国内線空港

マニラ・マリオット・ホテル
P110

米軍記念墓地

J.W. Diokon Blvd.

Roxas Blvd.

ナヨン・ピリピーノ

South Superhighway

ヒルトン・マニラ P109

フィリピン空軍博物館

N

ニノイ・アキノ
国際空港

0   1km

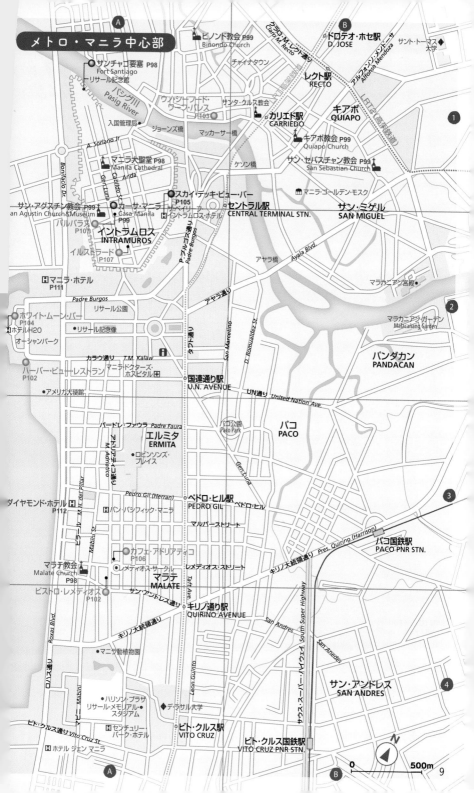

メトロ・マニラ中心部

Ⓐ

ビノンド教会 P99
Binondo Church

チャイナタウン

Ⓑ ドロテオ・ホセ駅
D. JOSE

サント・トーマス大学

サンチャゴ要塞 P98
Fort Santiago

リサール記念館

レクト駅
RECTO

アルフォンソ・メンドーサ

パシグ川
Pasig River

ウォシ・フード・ワーフ・パレス
P103

入国管理局

ジョーンズ橋

マッカーサー橋

サンタ・クルス教会

カリエド駅
CARRIEDO

キアポ
QUIAPO

❶

A. Soriano Jr.

マニラ大聖堂 P98
Manila Cathedral

Calbito

Anda

ケソン橋

キアポ教会 P99
Quiapo Church

サン・セバスチャン教会 P99
San Sebastian Church

Bonifacio Dr.

General Luna

スカイ・デッキ・ビュー・バー P105

サン・アグスチン教会 P99
an Agustin Church&Museum

カーサ・マニラ
Casa Manila
P99

バルパラソ
P107

イントラムロス
INTRAMUROS

イルストラード
P107

ザ・ベイリーフ

イントラムロス・ホテル

マニラ・ゴールデン・モスク
Manila Golden Mosque

セントラル駅
CENTRAL TERMINAL STN.

サン・ミゲル
SAN MIGUEL

Padre Burgos

Padre Burgos

アヤラ通り

アヤラ橋

Ayala Blvd

マラカニアン宮殿

マニラ・ホテル P111
Manila Hotel

リサール公園

❷

ホワイト・ムーン・バー P104

ホテルH20

オーシャンパーク

リサール記念像

マラカニアン・ガーデン
Malacanang Garden

パンダカン
PANDACAN

カラウ通り
T.M. Kalaw

マニラドクターズ・ホスピタル

ハーバー・ビュー・レストラン P102

アメリカ大使館

国連通り駅
U.N. AVENUE

UN通り United Nation Ave.

バードレ・ファウラ Padre Faura

エルミタ
ERMITA

M. Adriatico

ロビンソンズ・プレイス

パコ公園
Paco Park

パコ
PACO

General Luna

ダイヤモンド・ホテル P112

M. H. del Pilar

Pedro Gil (Herran)

パン・パシフィック・マニラ

ペドロ・ヒル駅
PEDRO GIL

ペドロ・ヒル

マルバースストリート

❸

ビラール

Mabini St.

カフェ・アドリアティコ P106

レメディオス・サークル

レメディオス・ストリート

Pres. Quirino (Harrison)

キリノ大統領通り

パコ国鉄駅
PACO PNR STN.

マラテ教会 P98
Malate Church

マラテ
MALATE

Taft Ave.

ビストロ・レメディオス P102

サン・アンドレス通り

キリノ通り駅
QUIRINO AVENUE

San Andres

サウス・スーパー・ハイウェイ South Super Highway

Roxas Blvd.

マニラ動物園

キリノ大統領通り

Leon Guinto

San Andres

サン・アンドレス
SAN ANDRES

❹

Mabini St.

ハリソン・プラザ

リサール・メモリアル・スタジアム

センチュリー・パーク・ホテル

デ・ラサール大学

ビト・クルス駅
VITO CRUZ

ビト・クルス通り Vito Cruz St.

ホテル ジェン マニラ

Ⓐ

ビト・クルス国鉄駅
VITO CRUZ PNR STN.

Ⓑ

N

0   500m

9

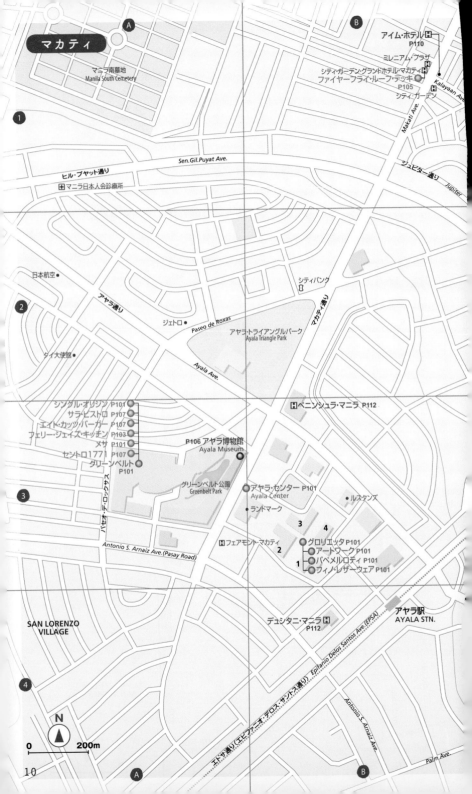

マカティ

マニラ南墓地
Manila South Cemetery

アイム・ホテル P110
ミレニアム・プラザ
シティ・ガーデン・グランドホテル・マカティ P105
ファイヤーフライ・ルーフ・デッキ
シティ・ガーデン

Kalayaan Ave.
Makati Ave.
ジュピター通り Jupiter

Sen.Gil.Puyat Ave.

ヒル・プヤット通り
マニラ日本人会診療所

日本航空
シティバンク

ジェトロ
アヤラ通り
Paseo de Roxas
アヤラ・トライアングルパーク
Ayala Triangle Park
マカティ通り

ダイ大使館
Ayala Ave.

シングル・オリジン P101
サラ・ビストロ P107
エイト・カッツ・バーガー P107
フェリー・ジェイズ・キッチン P103
メサ P101
セントロ1771 P107
グリーンベルト P101

P106 アヤラ博物館
Ayala Museum

ペニンシュラ・マニラ P112

グリーンベルト公園
Greenbelt Park

アヤラ・センター P101
Ayala Center

ルスタンズ

ランドマーク

Antonio S. Arnaiz Ave. (Pasay Road)

フェアモント・マカティ

3   4
3
2
1

グロリエッタ P101
アートワーク P101
バベメルロティ P101
ヴィノ・レザーウェア P101

SAN LORENZO
VILLAGE

デュシタニ・マニラ P112

アヤラ駅
AYALA STN.

エドサ通り (エピファニオ・デロス・サントス通り) Epifanio Delos Santos Ave. (EPSA)

Antonio S. Arnaiz Ave.

N

0   200m

Palm Ave.

A   B

N

0   200km

ルソン海
LuzonSea

トゥゲガラオ
Tuguegarao

ビガン
Vigan

セントラル山脈
Cordillera Central

カガヤン川
Cagayan River

バナウエ
Banaue

イラガン
Ilagan

ルソン島
LUZON IS.

バギオ
Baguio

チコ川
Chico River

ダグパン
Dagupan

クラーク
Clark

ピナツボ火山
Mt.Pinatubo

アンヘレス
Angeles

スービック
Subic

マニラ
Manila

付録P8

P97

ラグナ湖
Lagunade Bay

**フィリピン
PHILIPPINES**

フィリピン海
Philippine Sea

タガイタイ
Tagaytay

タール湖
L.Taal

レガスピ
Legazpi

プエルト・ガレラ
Puerto Galera

ミンドロ島
MINDORO IS.

ビサヤ諸島
VISAYAN IS.

カラミアン諸島
Calamian Group

シブヤン海
Sibuyan Sea

マスバテ島
Masbate Is.

サマール島
SAMAR IS.

北パラワン
Northern Palawan
P91

クリオン島
Culion Is.

エルニド
El Nido

付録P7下

ボラカイ島
Boracay Is. P81

ビサヤ海
Visayan Sea

カリボ
Kalibo

タクロバン
Tacloban

付録P2-3

レイテ島
LEYTE IS.

パラワン島

パナイ島
PANAY IS.

セブ島
Cebu Is.
P8

マアシン
Maasin

プエルト・プリンセサ
Puerte Princesa

ホンダ湾
Honda Bay

ボホール島
Bohol Is. P71

タグビララン
Tagvilaran

カミギン島
CAMIGUIN IS.

ネグロス島
NEGROS IS.

ミンダナオ海
Mindanao Sea

トゥバタハ・リーフ
(トゥバタハ岩礁海洋公園)
Tubbataha Reef

カガヤン・デ・オロ
Cagayande Oro

ミンダナオ島
MINDANAO IS.

アグサン川
Agusan River

南シナ海
South China Sea

バガディアン
Pagadian

ラナオ湖
L.Lanao

ミンダナオ川
Mindanao River

ダバオ
Davao

サンボアンガ
Zamboanga

アポ山
Mt.Apo
2954m

マレーシア
MALAYSIA

コロナダル
Koronadal

ジェネラル・サントス
GeneralSantos

セレベス海
Celebes Sea

ボルネオ島
Borneo Is.

セブの
島内交通

観光の中心となるセブ・シティとマクタン島は、車で30分から1時間ほどの距離。見どころやショッピングモールなども広範囲に点在しているので、車移動が便利。

セブのまわり方

観光客は車移動が基本

電車やトラムがないセブ島では、観光客はタクシーや運転手付きのレンタカー、グラブ・カーを利用するのが一般的。旅行会社では日本語ガイド付きのレンタカープランも用意している。

散策するときの注意点

セブ・シティのマゼラン・クロス周辺は散策も楽しめる。ただし人ごみではスリに注意したい。また、人通りのない路地に入らない、夕方以降は歩かないなどの安全対策は忘れずに。

観光客におすすめの主な移動手段

	メリット	デメリット	運行時間	初乗り料金
ホテルタクシー ホテルで呼んでもらう	ホテルと契約している車なので安心。定額制のため決まった金額を支払えばよい	料金はメータータクシーよりも割高	**24時間**	空港からマクタン島の ホテルまで**1300P〜** ホテル・行き先によって異なる
運転手付き レンタカー レンタカー会社や 旅行会社に手配してもらう	時間単位で借りられるので観光地巡りに最適。日本語でウェブ予約ができる会社もある	タクシーなどに比べると料金が高い	**24時間**	3時間 **US$80〜** 時間・人数によって異なる
タクシー 流しのタクシー、または タクシー乗り場を探す	料金が安い。町なかであればすぐにつかまる	ドライバーのなかには高額請求をする人がいる。交渉が必要なことがある	**24時間**	初乗り**40P**、以降1分 ごとに**2P** または1kmにつき **13.5P**
グラブ・カー (Grab Car) タクシー配車アプリから選択	配車の段階で料金が決まるので安心。クレジットカードと連動させることも可	混雑する時間帯は車が見つからないことがある。アプリのダウンロードが必要	**24時間**	配車の段階で 総額が表示される

タクシーの簡単利用術

料金はメーター制だが、メーターを使わなかったり、正しく作動させない運転手もいる。
乗車時にはメーターが動いているかを必ず確認し、使ってくれない場合は別のタクシーを利用するのも手。

スムーズなタクシーの乗り方ガイド

1 タクシーを探す

「TAXI」の表示がある乗り場から乗車。流しのタクシーは手を上げて止める。利用したレストランで呼んでもらうこともできる。

2 行き先を伝える

行き先を告げてメーターが動いていることを確認。表示が消えている場合はメーターをつけてもらう。ドアは手動なので自分で開閉する。

3 到着後、料金を払う

目的地に着いたらメーターに表示された金額を渡す。チップはなくてもよいが、端数を切り上げた金額を渡すと喜ばれる（目安は40Pくらい）。

4 タクシーから降りる

忘れ物がないかチェックして車を降りる。トランクに荷物がある場合は、荷物の持ち逃げを防ぐため運転手にも降りてもらおう。

＼ タクシー利用時の注意点 ／

メーターが動いているかをチェック

渋滞などを理由にメーターを使いたがらない運転手がいるので注意。ただし相場が分かっている場合は、きちんと交渉して支払うのもあり。

長距離の場合は＋αの料金も

セブ・シティからマクタン島など長距離移動の場合、帰り分の料金を上乗せして請求されることがある。その場合はメーターの料金に50Pくらい上乗せして支払うのが一般的。

少額紙幣を準備しよう

タクシーでは500Pや1000Pなどの高額紙幣が使えないことが多い。運転手がお釣りを持っていないことが原因なので、100Pを多めに用意しておくと安心。

その他の移動手段

ジプニー

慣れれば使える場面も!?

バンを改造した市民の足。行き先は車体の側面に書かれている。料金は1区間7P〜で、運転手に直接渡す。どこでも乗り降りできるが、ルートが分かりにくく観光客には難しい。

バス

MyBusという公共バスが、5つのルートで空港やショッピングモールなどをまわっている。料金は基本的に1回25Pでプリペイドカードを使って支払う。土地勘があれば便利。

Vハイヤー

ジプニーよりも長距離に使われる15人乗りのバン。シューマートやアヤラ・センターから乗れるが人数が集まるまで出発しない。料金は20P〜。時間に制限がある観光客には不向き。

カレッサ

タルタニーリャとも呼ばれる2輪の馬車。近場の移動に使われる。料金は20P〜。観光客用のカレッサもあり、こちらは割高。トラブルが多いので乗る前に料金を確認しておこう。

トライシクル

オートバイの横に座席を付けた乗り合いの三輪車。詰めれば7人程度まで乗れる。料金は交渉制で、近場なら7Pくらいから。移動距離や時間、運転手の気分によって大きく異なる。

バイクタクシー

地元ではハバルハバルと呼ばれるバイタク。近場の移動に使われ、料金は5Pくらいから。渋滞にはまらないのはメリットだが、事故が多いので観光客にはおすすめできない。

マニラの
市内交通

植民地時代の壮麗な建物はメトロ・マニラ中心部のイントラムロス周辺に集まっている。ショッピングモールやカジノ、ホテルなどはマニラ全域に点在。鉄道とタクシーを上手に使おう。

マニラのまわり方

渋滞知らずの鉄道が便利

メトロ・マニラにはLRT（高架鉄道）とMRT（首都圏鉄道）という鉄道が走っている。3路線あり、観光地やショッピングモールへ行くのに便利。何より渋滞がないのが嬉しい。

徒歩で移動する際の注意点

メトロ・マニラのイントラムロスやマカティのアヤラ・センターは散策することもできる。ただし夜遅くなると人通りも少なくなるため、街歩きは店が閉まる前までにしておきたい。

観光客におすすめの主な移動手段

	メリット	デメリット	運行時間	初乗り料金
LRT（高架鉄道）＆MRT（首都圏鉄道）	渋滞がなく安い。観光地へのアクセスがよい駅がある	路線ごとに料金体系が異なるので乗り換えが不便	LRT：5〜22時 MRT：5時30分〜23時	15〜30P
ホテルタクシー	ホテルの定額制なので決まった金額で済む	メータータクシーより料金が高い	24時間	空港からメトロ・マニラまで 1200P〜 ホテル・行き先によって異なる
運転手付きレンタカー	時間単位で借りられる。日本語でウェブ予約ができる会社もある	タクシーなどに比べると料金が高い	24時間	4時間 US$130〜 時間・人数によって異なる
タクシー ※乗り方は付録P13参照	ホテルタクシーなどより安い	ドライバーのなかには高額請求をする人がいる	24時間	初乗り40P、以降300mごとまたは2分停車ごとに3.50P
グラブ・カー	事前に料金が決まるので安心	アプリが入ったスマートフォンが必要	24時間	配車の段階で総額が表示される

その他の乗り物

ジプニー

改造したバン。車体の地名から行き先を判断するなど、観光客が使いこなすのは難しい。1区間7P〜。

トライシクル

オートバイの横に座席を付けた近距離用の乗り物。料金は交渉制だが、観光客は50Pくらいから。

バス

マニラ全域を網羅しているバスだが、観光客が把握するのは困難。料金は会社や区間により異なる。

カレッサ

伝統的な2輪馬車。イントラムロスで走っている観光用は1時間750Pくらいから。乗る前に交渉が必要。

LRT&MRTの利用法

メトロ・マニラには南北に走るLRT1とMRT、東西に横切るLRT2の3線の鉄道が運行している。LRT1のエドサ駅とMRTのタフト通り駅、LRT2のアラネタ・センター・クバオ駅とMRTのアラネタ・センター・クバオ駅は、別の駅だが通路で乗り換えることができる。

LRT（高架鉄道）

Light Rail Transitの略。LRT1とLRT2の2路線があり、料金は目的地によって15～30P。LRT1はイントラムロスやキアポ教会、マラテ教会など歴史的な見どころをカバーしている。

MRT（首都圏鉄道）

Metro Rail Transitの略。料金は目的地によって13～28P。マカティやオルティガスなどのビジネス街をつなぎ、アヤラ・センターやボニファシオ・グローバル・シティへも行ける。

スムーズな乗り方ガイド

1 駅を探す

日本のような記号による表示はないが、駅名が表記されている。駅によっては大きな看板が出ている場所も。

2 乗車券を買う

一部の駅には券売機もあるが、窓口で行き先を告げ磁気式の乗車券を購入するのが一般的。出勤や帰宅時間は窓口が混みあう。

3 改札で手荷物検査
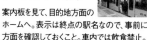
改札の前で荷物のチェックを受ける。大きな荷物や飲料、生ものなどは持ち込み禁止。チェック後に自動改札に乗車券を通す。

4 ホームに下り乗車
案内板を見て、目的地方面のホームへ。表示は終点の駅名なので、事前に方面を確認しておくこと。車内では飲食禁止。

5 改札から出る

車内アナウンスはないので、ホームの表示を確認し、目的地に着いたら下車。乗車券は改札で回収される。

LRT、MRT路線図

※━でつながっている駅は、別々の駅だが通路で乗り換え可能

＼ LRT&MRTのここに注意！ ／

切符は路線ごとに購入する

LRT1とLRT2やLRTとMRTでは、駅がつながっていても乗り換えのときに切符が回収されてしまう。切符は路線ごとに必要。

ラッシュ時の混雑に注意

朝夕のラッシュ時(6～10時、16～20時) は、切符売り場に行列ができる。車内も混雑するので時間をずらして利用しよう。

シーン別 カンタン 会話

Scene 1 レストランで

メニューをください
May I have a menu,please?
メアイ ハヴァ メニュー プリーズ

窓際の席をお願いします
I'd like a table by the window.
アイド ライカ テイブゥ バイ ダ ウィンドゥ

おすすめの料理はどれですか
What do you recommend?
ゥワット ドゥ ユー レカメンド

クレジットカードは使えますか
Do you accept credit cards?
ドゥ ユー アクセプト クレディット カァズ

Scene 2 ショップで

試着をしてみていいですか
Can I try this on?
キャナイ トライ ディス オン

領収書をください
Can I have a receipt,please?
キャナイ ハヴァ リシート プリーズ

返品(交換)したいのですが
I'd like to return (exchange) this.
アイド ライク トゥ リタァン(エクスチェインジ) ディス

これをください
I'll take this.
アィウ テイク ディス

いくらですか
How much is it?
ハウ マッチ イズイット

サイズが合いません
This is not my size.
ディスィズ ナット マイ サイズ

Scene 3 観光で

タクシー乗り場はどこですか
Where is the taxi stand?
ゥエアリズ ダ タクスィ スタンド

タクシーを呼んでください
Could you call a taxi for me?
クッジュー コーウ ア タクスィ フォア ミー

一番近いMRTの駅はどこですか
Where is the nearest MRT station?
ゥエアリズ ダ ニアレスト エムアールティー ステイシャン

この住所へはどのように行ったらよいでしょう
How can I get to this address?
ハウ キャナイ ゲット トゥ ディス アドレス

Scene 4 困ったときは

(地図を見せながら)
この地図で教えてください
Could you show me the way on this map?
クッジュー ショウ ミー ダ ウェイ オン ディス マプ

財布を盗まれました
My purse was stolen.
マイ パァス ウォズ ストゥルン

病院へ連れて行ってください
Could you take me to a hospital, please?
クッジュー テイク ミー トゥ ア ハスピタゥ プリーズ

警察(救急車)を呼んでください
Please call the police(an ambulance).
プリーズ コール ダ パリース(アン ナンビュランス)

レート 1P≒約2.61円
(2023年6月現在)

両替時のレート
1P≒

書いて
おこう♪